KB040149

Costovation
코스토베이션

Cost·o·
vation
코스토베이션

있어야 할 게 없어서 성공한 것들의 전략

스티븐 웡커 · 제니퍼 루오 로 **지음** | 이상원 **옮김**

갈매나무

차 례

5 코스토베이션 전략과 전술 20

① 제품과 서비스

② 제품을 만드는 방식

Action Plan
코스토베이션을 시작하기 위한 행동 전략

왜 코스토베이션을
해야 하는가?

코스토베이션은 고객만족을 유지하면서 비용을 최소화하는 혁신 방식이다.
더 적은 비용으로 고객의 기대만큼, 혹은 그 이상을 충족시킨다.

상식을 깨는 비즈니스 전략, 코스토베이션

밝은 보라색과 노란색 인테리어만 제외한다면 플래닛 피트니스(Planet Fitness)는 다른 피트니스 센터와 비슷해 보인다. 엘립티컬머신(elliptical machine, 타원형 운동기구)과 러닝머신이 줄지어 늘어서 있다. 기본적인 라커룸이 구비돼 있고 스피커에서는 인기순위 40위권 최신곡이 흘러나온다.

하지만 자세히 살펴보면 다른 피트니스와 달리 없는 것이 많다. 요가나 스피닝을 위한 스튜디오가 없다. 고강도 웨이트 트레이닝 구역도 없다. 심지어 개인 트레이너조차 없다. 그밖에도 시설 좋은 피트니스 센터라면 당연히 있어야 한다고 여겨지는 다음과 같은 것들이 빠져 있다.

- 수건
- 수영장
- 농구장
- 어린이 놀이방
- 욕조와 사우나
- 무료 와이파이

피트니스 회원권 가격에 붙어 있는 거품도 없다. 미국에서 회원권 평균가격이 월 52달러인 반면 플래닛 피트니스의 기본 회비는 한 달에 겨우 10달러이다.[1] 하지만 플래닛 피트니스는 그저 서비스를 줄이고 가격을 낮춤으로써 신속하게 수입을 올린 단순한 사례가 아니다. 플래닛 피트니스가 이룬 성공의 비밀을 이해하려면 가격 인하와 서비스 단순화가 어떻게 치밀한 혁신 전략이 될 수 있는지 알아야 한다. 이 전략의 목표는 고객이 피트니스 경험에서 얻는 만족도를 높이는 것이다.

플래닛 피트니스 회원들은 기본 서비스만 제공받지만 불만이 없다. 줄지어 늘어선 유산소 운동 기구들은 대기할 필요가 없음을 뜻한다. 고강도 웨이트 장비가 없어도 괜찮다. 플래닛 피트니스가 겨냥하는 고객들은 어차피 그런 장비에 별 관심이 없다. 호시탐탐 계약을 따내려 하는 트레이너가 없으므로 점심시간에 잠깐 들러 편안하게 운동할 수 있다. 플래닛 피트니스 모델은 업계에서 가장 운영경비를 적게 들이면서도 고객만족 평가에서는 선두를 달린다. 호화로움을 내세우는 에퀴녹스(Equinox)까지도 앞섰다.[2] 플래닛 피트니스의 성장은 계속되고 있다. 최근 집계를 보면 1100개가 넘는 북미 지점들에서 운동하는 회원수가 700만 명 이상이다.

이러한 단순한 저비용 서비스를 선택하는 것은 조심스럽고 때로 매우 힘든 결정이다. 플래닛 피트니스는 개인 트레이너, 고가의 부가 서비스 등 매출의 10퍼센트 가까이를 수익으로 챙길 수 있는 가능성도, 마사지사나 물리치료사에게 자리를 내주고 받을 수 있는 임대료도 포

기했다.[3]

플래닛 피트니스의 성공은 과소평가돼온 혁신적 접근을 부각시킨다. 의도적으로 더 적은 서비스를 제공하는 것이 만족도를 더 높이는 방법 중 하나라는 점 말이다. 더 좋은 서비스와 더 비싼 가격을 내세워, 이미 경쟁이 치열한 호화 피트니스 업계에서 애쓰는 대신 플래닛 피트니스는 별로 돈벌이가 되지 않는다고 여겨온 고객층, 즉 초보자나 별 욕심 없는 고객에 주목했다. 그리고 이들이 중시하는 몇 가지, 이를테면 제대로 된 운동기구, 연중무휴 운영, 낮은 가격에 초점을 맞췄다. 그게 전부였다. 플래닛 피트니스는 업계가 선호하는 수익구조와 거꾸로 갔다. 업계에서 꺼리는 고객을 대상으로 삼았다. 낮은 운영비용 덕분에 경쟁 피트니스에 비해 이런 고객도 충분히 환영할 수 있었던 것이다. 피트니스 업계가 계속해서 고급화를 지향하는 동안 플래닛 피트니스는 상식을 깨는 비즈니스로 나름의 성공을 개척했다. 고객만큼이나 경영진에게 역시 만족스러운 결과였다.

이것이 바로 저비용혁신, 다시 말해 코스토베이션이다.

✔ 고객만족을 유지하면서 비용은 최소화하는 혁신

코스토베이션은 고객만족을 유지하면서 비용을 최소화하는 혁신 방식이다. 더 적은 비용으로 고객의 기대만큼, 혹은 그 이상을 충족시킨다. 낮은 가격과 단순한 서비스로 고객에게 환영받은 플래닛 피트니스가 그 예이다. 반면 한동안 생수와 화장실 사용까지 유료화를 시도했던 유럽의 초저가 항공사 라이언에어(Ryanair)는 코스토베이션의 사례가 되지 못한다. 차이는 고객 경험에 있다. 고객에게 라이언에어 항공권을 사는 것은 마지못한 선택일 수 있다. 못마땅한 구매 행동이 기업 번창으로 이어지기는 쉽지 않다.

코스토베이션을 조금 더 잘 이해하기 위해 숙박업의 예를 들어보자. 비행기를 경유하느라 여섯 시간 동안 공항에 묶이게 될 때 편안히 휴식할 방법은 별로 없다. 공항 호텔로 가는 셔틀버스 대기줄에 서 있거나(몇 시간 체류하면서 하루 숙박비를 다 결제해야 하는 상황이다) 공항의 닳아빠진 의자에 앉아 있어야 한다. 두 방법 모두 썩 달갑지 않다. 자주 비행기를 타는 사람에게는 특히 그렇다. 바로 여기서 요텔(Yotel)이 등장한다.

요텔은 런던 히드로와 뉴욕 케네디 같은 국제공항에 있는 호텔 체인이다. 공항 청사 바로 안에 자리 잡고 있는데 객실은 아주 작다. 침대하나와 초소형 화장실뿐이다. 하지만 시간이 별로 없는 여행객들에게 요텔은 정확히 원하는 바를 제공한다. 편안한 침대, 따뜻한 샤워, 강력한 와이파이, 다음 항공편 탑승의 편리성, 신속한 체크인.

요텔은 딱 이만큼을 제공하지만 경험 많은 여행객들에게 큰 인기를 얻게 되었다. 이들 여행객은 욕조, 피트니스 센터, 수영장과 같은 편의시설을 원하지 않는다. 요텔의 운영 방식에는 군더더기가 없다. 체크인은 키오스크(무인 단말기)에서 이뤄지고 식음료는 자동판매기가 해결한다. 객실 크기를 최소화하여 최고 위치의 부동산을 최대한 활용한다. 이러한 비용절감 덕분에 요텔은 일반 호텔보다 훨씬 저렴하게 객실을 판매할 수 있다. 장시간 경유하는 여행객들이 충분히 지불할 만한 가격이다. 그러면서도 오랜 비행 후 여독을 풀어주는 고압 샤워기 같은 핵심 요소로 업계의 경쟁을 넘어선다. 저가 모델이지만 신속하게 씻고 기분을 전환하려는 여행객들의 요구를 정확히 충족시킨다.

요텔이 그렇듯 잘 규정된 대상고객이 필요로 하는 것을 대폭 낮은 가격으로 제공하는 기업은 여러 산업 분야에 다 필요하다. 최근 몇 년 동안 코스토베이션 사례는 꾸준히 늘어왔다. 그리고 앞으로 보게 되겠지만 그 본질은 참으로 단순하다.

코스토베이션이란 무엇인가?

다음과 같은 것이다.

- 고객만족을 유지하면서 가격을 낮추는 방법. 비용은 내려가되 고객만족은 올라감
- 제품과 고객 경험을 혁신함과 동시에 비즈니스 내부 운영 또한 완전히 바꾸는 방법
- 혁신 담당자뿐 아니라 관리운영자 모두에게 중요한 기술
- 혁신적 도구를 적용해 얻어지는 경우가 많음

다음과 같은 것은 아니다.

- 과정을 바꾸거나 '낭비를 줄이는' 일. 이미 존재하는 무언가를 최적화하는 것이 아니라 새로운 무언가를 만드는 것이다.
- 저수익 시장에만 집중하는 것. 코스토베이션은 대상고객의 수요를 정확히 겨냥한다. 대상고객이 늘 최저가 소비를 원하는 것은 아니다.
- 기존 제품을 그저 저렴하고 단순하게 만드는 과정. 코스토베이션은 대상고객의 특징적 요구를 창의적으로 충족시키기 위한 근본적 고민을 포함한다.
- '파괴적 혁신'. 코스토베이션은 실제로 산업을 파괴할 수 있다. 하지만 파괴 수단을 포함한다는 면에서 파괴적 혁신 이론보다 한 걸음 더 나아간다.

성공은 '더 하는' 것이 아니다, '더 적게' 하는 것이다

혁신은 흔히 '더 많은'과 같은 뜻으로 여겨진다. 더 다양한 풍미, 더 많은 선택지, 더 많은 특성 등등 말이다. 하지만 코스토베이션은 '더 적게' 하는 것이 승리의 길일 수 있음을 알려준다는 면에서 상식을 뒤엎는다.

'더 적게' 접근이 효과적임을 잘 보여주는 사례가 맥도날드(McDonald)이다. 2004년, 맥도날드의 상시 메뉴는 69개였다. 십 년 후 그 수는 145개로 무려 두 배 이상 늘었다.[4] 유행에 맞추고 고객들이 원하는 바를 충분히 선택할 수 있도록 하기 위해서였다. 메뉴 다각화는 늘 새롭게 고객을 감동시킨다는 맥도날드의 전략에서 중요한 일부였다.

하지만 메뉴가 급속히 늘어나면서 운영이 복잡해졌다. 맥랩 메뉴를 위해 재료 공급 담당은 연간 600만 파운드의 영국 오이를 안정적으로 공급해야 했다. 버거를 만들던 직원들은 맥랩 싸는 법을 익혀야 했다. 치킨과 채소를 토르티야로 말고 전용 포장에 넣어 딱 적절한 정도로 내용물이 보이도록 하는 작업이 60초 안에 끝나야 했다.[5] 피시 맥바이츠, 스테이크 에그 브리토, 화이트 초콜릿 모카 등 한시적 제공 메뉴들이 등장하면서 주방 병목 현상은 한층 심해졌다. 2013년, 최고운영책임자 팀 펜턴(Tim Fenton)은 애널리스트들 앞에서 맥도날드가 "너무 많은 신제품을 너무 빨리 메뉴에 포함시켜 각 매장이 숨 쉴 틈도 없을 정도로 바빠졌다."라고 말했다.[6] 2년 후 아침 메뉴를 종일 제공하게 되면서 맥도날드는 또다시 같은 문제에 빠졌다. 조리해야 할 음식의 가짓수가 늘어나면서 한정된 열판 공간이 지나치게 복잡해진 것이다.[7]

2006년까지 맥도날드가 부분 소유했던 멕시코 식당 치폴레(Chipotle)는 이와 달랐다. 설립 당시나 20년 이상이 흐른 지금이나 변함없이 스물다섯 가지 재료를 내놓고 있다. 고객들은 이 재료들을 취향대로 섞어 원하는 식사를 한다. 치폴레는 신선도와 맞춤형 메뉴를 잡으면서도 주방 혼잡과 재료 공급 부담을 최소화한다.

치폴레의 전략은 업계 상식과 거꾸로 갔다. 한시적 제공 메뉴로 매출을 올리는 것도, 커피나 쿠키 등 저위험 고수익 제품을 판매하는 것도 거부했다. 그저 기본 메뉴에만 충실하면서 매일 찾는 고객이 신선하고 흥미로운 식사를 할 수 있게 했다. 메뉴 구성은 단순하지만 치폴레의 가격은 맥도날드보다 높다. 고가 시장에서도 저비용과 단순함을 얻어낼 수 있다는 반증이다.

기업들이 의도적으로 일을 복잡하게 만들지는 않는다. 하지만 난해한 해결책으로 원치 않는 문제를 떠안는 일은 생각보다 많다. 기업들이

'성공은 무언가 더 하는 것'이라는 사고에 지배당하면서 단순한 비즈니스는 적절한 선택으로 여겨지기 어렵게 되었다. 무언가 감축이 이루어진다면 혁신의 요소는 전혀 없이, 그저 비용만 깎기 일쑤이다.

코스토베이션은 이 고정관념을 거부한다. 그리고 생각하는 방식, 일하는 방법, 제공하는 서비스를 가다듬는 것이 위대한 혁신임을 알려준다. 이 책은 코스토베이션의 구체적 요소와 방법을 설명하고 코스토베이션이 기업의 올바른 전략임을 깨닫게 할 것이다.

✔ 혁신과 비용절감은 반대말이 아니다

기업들이 코스토베이션을 해야 하는 이유는 아주 많다. 기업들은 경쟁에서 이기기 위해, 답보 상태의 시장을 새로 열기 위해, 파괴적 혁신이라는 위협에서 자신을 보호하기 위해, 거시경제의 역풍 앞에 탄력적으로 대응하기 위해 코스토베이션을 해야 한다. 코스토베이션이 반복적으로 등장하는 이유는 크게 다음 세 가지다.

첫째, 비용절감은 결코 쉽지 않을 뿐더러 더 이상 절감할 여지가 거의 없다. 코스토베이션은 비용절감과 다른 접근법이다. 이 경우 비용절감은 목적이기보다는 진정으로 고객을 고려한 결과 얻어진 반가운 부산물이다.

이 차이가 어째서 중요할까? 기업들은 이미 크고 작은 비용을 악착같이 줄이는 데 선수가 되었다. 관리와 운영 예산이 특히 절감 대상이다. 하지만 비용절감은 거기까지이다. 그렇게 몇 년이 흐르고 나면 절감의 여지가 거의 남지 않는다.《포천Fortune》선정 1000개 기업 중 미국에 기반을 둔 업체 경영진 210명을 대상으로 한 2016년 연구에서 거의 절반이 목표로 한 비용절감에 실패했다고 말했다. 그 수치는 2008년 15퍼센트에서 2010년 27퍼센트로 급증했다.[8]

사업이 잘될 때조차 비용절감에 집중하며 비용곡선(cost curve)을 바꿔가려는 시도는 피로감을 낳는다. 그리하여 틀을 바꾸는 혁신이 필요하다는 말이 자주 등장하게 되었다. 코스토베이션은 바로 그에 대한 해결책이다.

둘째, 포화상태에 이른 시장이라 해도 충족되지 못한 수요가 여전히 존재한다. 세상에는 이미 셀 수 없이 많은 서비스와 제품이 넘쳐나는 듯 보이지만 실제로는 불만족하는 고객이 많다. 그들은 가격, 고객 서비스, 제품 자체에 불평한다. 스스로 제품을 손봐 더 유용하게 만들기도 한다. 더 만족스러우면서도 저렴한 가능성이 있다면 기꺼이 선택할 고객들이다. 코스토베이션은 그러한 수요를 충족시키는 방법이다.

에어비앤비(Airbnb)를 생각해보자. 또 다른 호텔업체가 필요하다고 말한 사람은 아무도 없었다. 가격대가 다양한 숙소들이 이미 즐비했다. 하지만 에어비앤비는 다른 종류의 숙박 가능성을 내놓았다. 특별한 현지 경험, 그리고 쉽게 돈 벌 기회를 결합시킨 방법이었다. 평범하게 호텔에 묵었을 여행객 수천 명은 편안한 가정집에 숙박할 기회를 환영했다. 남는 방을 그저 비워둘 수밖에 없었던 수천 명도 그것으로 돈을 벌 수 있다는 데 즐거워했다. 에어비앤비의 혜성 같은 등장과 성공에도 충족되지 못한 숙박업계 고객들의 수요는 여전히 무수히 많다. 아마 또 다른 형태의 위대한 코스토베이션이 나타나 문제를 해결할 것이다.

셋째, 낮은 가격을 찾는 고객들이 아주 많다. 지난 몇 년 동안 경제 성장이 오래 이어졌지만 여전히 형편이 어려운 기업과 고객들이 다수다. 예를 들어 실업률은 4퍼센트지만 2017년 미국의 시간당 평균임금은 겨우 2.5퍼센트 올랐다.[9] 인플레이션을 감안하면 올랐다고 하기 어렵다. 수지를 맞추기 힘들어하는 많은 이들은 혁신을 필요로 한다.

더 나아가 우리 모두는 최악의 상황을 준비해야 한다는 것, 불황이 영원히 사라지지 않았다는 것을 알고 있다. 거시경제 침체에 대비한다고 해서 혁신하고 앞으로 나아갈 수 없다는 뜻은 아니다. 코스토베이션은 이 두 가지를 다 가능하게 한다.

경제와 산업은 빠르게 변화하며 하룻밤 사이에 승자와 패자를 뒤바꾼다. 과거 병든 사람들 치료에 많은 비용을 지불했던 보건 산업은 이제 규제와 경제 압박으로 인해 반대 방향, 즉 더 적은 돈을 써서 사람들의 건강을 유지하는 쪽에 초점을 맞추게 되었다. 이러한 방향 전환은 업계 많은 기업을 혼란에 빠뜨렸다. 다른 한편 의료보험업체 카이저 퍼머넌트(Kaiser Permanente) 같은 선구자들은 성장 가도에 있다. 고객이 처한 어려운 현실, 경제 불황, 산업 파괴는 예측이 어렵지만 불가피한 현상이다. 그런데 코스토베이션은 민첩한 대응을 가능하게 한다.

혁신과 비용절감, 흔히 반대 방향이라 여겨지는 이 두 가지를 강력하게 결합해 시장을 재편성하고 장기적 경쟁우위를 창출할 수 있다. 저자인 우리가, 그리고 뉴 마켓 어드바이저(New Markets Advisors) 소속 동료들이 6년 동안 연구 분석한 내용이 그 토대를 이룬다. 우리는 '코스토베이션에 유형이 존재하는가? 기업은 어떻게 코스토베이션을 이끌어내는가? 다른 기업들은 어떻게 그 길을 갈 수 있을까?'라는 질문의 답을 구하고자 했다.

코스토베이션에 탁월한 기업들은 다음 세 가지 특징을 지닌다. 이 책의 2장, 3장, 4장에서 그 내용을 다룰 것이다.

코스토베이션의 세 가지 특징

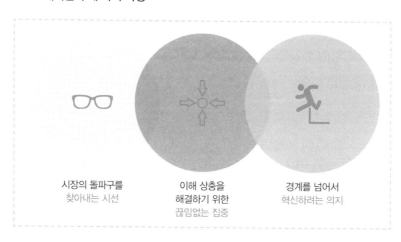

시장의 돌파구를
찾아내는 시선

이해 상충을
해결하기 위한
끊임없는 집중

경계를 넘어서
혁신하려는 의지

1. 시장의 돌파구를 찾아내는 시선

코스토베이션에 탁월한 기업들은 시장을 새로이 바라본다. 전통적인 가정과 믿음을 던져버리고 다른 누구와도 다른 방식으로 시장과 고객을 파악한다. 시선이 창의적이면 창의적일수록 자신을 차별화할 가능성이 커진다.

2. 이해 상충을 해결하기 위한 끊임없는 집중

코스토베이션의 승자들은 끊임없이 집중한다. 집중의 대상은 시장, 고객이 해야 할 업무, 비즈니스의 일부분 등 다양하다. 하지만 플래닛 피트니스 사례가 보여주듯 끊임없이 집중한다는 점은 동일하다. 가능한 여러 방향의 상충 요소를 처리해나가려면 무엇에 집중할 것인지 분명히 해야 한다.

3. 경계를 넘어서 혁신하려는 의지

가장 명백한 혁신 대상은 제품이다. 하지만 코스토베이션에 성공한 기업들은 제품이 어떻게 만들어지고 운송되고 판매되는지까지 폭넓게 고려한다. 그리하여 여러 측면을 통합해 혁신한다.

5장에서는 코스토베이션의 여러 접근법을 살핀다. 코스토베이션 전략을 스무 가지로 나눠 핵심 내용이 무엇인지, 언제 사용할 수 있는지, 서로 다른 맥락에서 어떻게 사용되었는지, 어떻게 시작하면 좋을지 설명할 것이다.

6장과 7장은 더 큰 그림을 다룬다. 코스토베이션이 업계에 의미를 지닐 때가 언제인지 진단하고 대규모 경영 전략에 코스토베이션을 어떻게 맞춰 넣을지 알아본다. 그리고 코스토베이션을 시작하기 위한 상세 체크리스트로 마무리될 것이다.

코스토베이션은 새로운 것이 아니다. 그저 기존 경영서들이 무시해왔을 뿐이다. 기업들은 이미 수십 년 동안 코스토베이션을 해왔고 그 기법을 확립해두었다. 우리 역할은 그 핵심 내용을 정리하는 것, 그리고 혁신 전략을 새로운 목표, 고객을 감동시키는 동시에 비용을 낮추는 길과 연결시키는 방법을 보이는 것이다.

돌파구를 찾는 시선

한 번도 묻지 않았던 질문을 던져라. 남들과 달리 접근하라.
똑같이 생각하면 똑같은 결과를 얻을 뿐이다.

처음부터 다시 시작한다면
어떻게 하는 게 좋을까?

　친한 친구 로건 그린(Logan Green)과 함께 카풀 스타트업을 운영하던 존 지머(John Zimmer)는 2012년, 운명적인 질문과 맞닥뜨렸다. '처음부터 다시 시작한다면 어떻게 하면 좋을까?' 두 사람의 회사가 망해가는 것은 아니었다. 실은 정반대였다. 짐라이드(Zimride, 지머의 이름이 아니라 처음 아이디어를 얻은 짐바브웨에서 나온 명칭이다)는 창립 이후 5년 동안 지속적으로 성장했다. 125개가 넘는 대학 캠퍼스에서 수만 명 학생들의 카풀을 중개하면서 총 5천만 달러의 차량운행 비용을 절약했다. 짐라이드 웹사이트는 750만 달러의 벤처 기금을 지원받았고 직원수도 29명에 달했다. 흑자 운영 상태였다.

　하지만 창업주 지머의 머릿속에서는 '처음부터 다시 시작한다면 어떻게 하면 좋을까?' 하는 질문이 떠나지 않았다. 2007년에는 아니었지만 2012년에는 진실이 된 것이 무엇일까? 많은 것이 달라졌지만 짐라이드에게 행운으로 작용한 한 가지가 있었다. 스마트폰 보급이었다. 스마트폰 덕분에 카풀은 며칠 전에 예약할 수 있는 것, 필요에 따라 부를 수 있는 것이 되었다. 교통을 더 싸고 편리한 경험으로 만드는 혁명적 코스토베이션이었다.

짐라이드를 알지 못한다 해도 지머와 그린의 두 번째 기업인 차량공유업체 리프트(Lyft)는 들어보았을 수 있다. 리프트의 기업 가치는 55억 달러나 된다.¹ 돌파하는 혁신은 돌파구를 찾는 시선에서 시작된다. 경쟁자들과 똑같은 시선으로 시장을 바라본다면 동일한 방식으로 문제에 접근할 수밖에 없다. 하지만 지머가 그랬듯 까다로운 질문에 솔직하게 대답할 수 있다면 막 생겨난 새로운 기회를 포착할 수 있다. 뭔가 보충되어야 하는 지점, 중복되어 있는 과정을 찾아낼 수 있다. 파열 직전인 취약점을 발견할 수 있다.

2장은 어떻게 돌파하는 아이디어를 가로막는 업계의 기존 믿음에 저항하여 시장을 새로이 바라볼 것인지를 다룬다. 이러한 시선은 모든 코스토베이션 사례에 공통적인 요소이자 장기적 차별화의 열쇠이기도 하다.

2장의 내용은 다음과 같다.

- 기존 믿음을 돌파하고 새로운 시선으로 시장과 비즈니스를 바라보는 것이 코스토베이션에 핵심적인 이유
- 독창적 시선으로 업계를 바라보고 고객과 시장, 업계 가치사슬에 새롭게 접근하기 위해 검증된 방법 다섯 가지

✔ 우리는 어떻게 낡은 시선에 갇히는가

이 책을 함께 쓴 제니퍼의 첫 직업은 덴마크 고등학교의 영어 선생님이었다. 학생들과 나이 차이가 얼마 안 난다는 점을 과도하게 의식하는 초짜 교사로서 전통적인 방식인 다섯 단락 에세이 쓰기를 가르쳤다. 제니퍼 이전에도 수천 명의 교사들이 가르쳤고, 이후에도 수천 명의 교사들이 가르칠 방법이니 썩 독창적이지는 않았다. 하지만 제니퍼는 학생들의 영어 교육에 이것이 꼭 필요하다고 생각했다.

수업은 예상보다 훨씬 좋았다. 학생들은 열성적으로 고개를 끄덕였다. 질문을 하라고 하자 정말로 질문이 쏟아졌다.

"어째서 다섯 단락 글쓰기를 해야 하는 거죠? 다른 걸 하고 싶으면요?"

"주장하고 싶은 바가 없다면 어쩌죠?"

"첫 단락을 주장 대신 질문으로 해도 괜찮은가요?"

"저희는 지금까지 형식에 맞춰 글을 쓴 적이 없어요. 미국에서는 이렇게 글쓰기를 배우나요?"

제니퍼가 미처 몰랐던 덴마크의 글쓰기는 다섯 단락 에세이에 비해 훨씬 유연하고 개방적이었다. 학생들과 만나기 전까지 제니퍼는 다섯 단락 글쓰기에 대해 한 번도 의문을 품어본 적이 없었다. 자신도 그렇게 배워왔던 것이다. 고교 시절 그런 글쓰기를 잘한다는 칭찬도 많이 받았다. 그 교실에서 명목상 교사는 제니퍼였지만 습관이 우리 시야를 제한한다는 점을 분명히 가르쳐준 존재는 실상 학생들이었다.

어린 자녀를 두고 있다면, 혹은 어린이들과 시간을 보내보았다면 인간이 질문하는 존재임을 알 것이다. 하지만 어른이 되면서 우리는 질문을 잃어버리고 모든 것을 다 안다는 확신 속에 웅크리고 만다. 실패를 두려워하며 확실하다고 증명된 길만 가려 한다.

기업들도 마찬가지로 움직인다. 업계의 상식이나 제품 유형이 '귀중한 기업 비밀'이나 '공유된 지식'이라는 명목으로 이어진다. '다섯 단락 에세이는 핵심적 글쓰기 기법이다', '카풀은 웹에서 사전에 등록 관리되어야 한다', '웨이트 트레이닝 장비가 없다면 제대로 된 피트니스 센터가 아니다'와 같이 말이다. 시간이 흐르면서 이는 점점 고착된다. 그러다 한 기업이 그 낡은 믿음을 깨뜨리고 나면 업계의 다른 기업들은 도미노처럼 넘어지고 만다.

시선 전환은 대기업에서도 가능하다

파괴적 혁신의 고전적 사례를 보면 유서 깊은 산업이나 제품을 풋내기 신참자가 뒤흔들어 승리하는 일이 많다. 하지만 시선 전환이 그저 신생 사업가에게만 가능한 일이라고 생각하지는 말라. 세계 최대 기업 중 하나인 도요타(Toyota)를 보자.

경제침체 이후의 몇 년은 자동차 회사 주주들이 환영할 만한 시기였다. 저렴한 연료비, 낮은 이자율, 놀라운 신기술로 업계가 호황이었던 것이다. 도요타도 마찬가지였다. 2012년 도요타는 세계 최초로 연간 천만 대 이상을 생산하는 자동차회사가 되었다. 같은 해 2억 번째 자동차 생산 기록을 세우기도 했다. 축하할 일이 넘쳤다.

하지만 다른 자동차회사들이 축배를 드는 동안 도요타는 안주하지 않았다. 기록적 매출과 영업이익을 기록한 2015년, 자동차 제조 방식을 완전히 재검토하겠다는 계획을 발표했다.

"우리는 새로운 비즈니스 모델을 만들어야 하는 갈림길에 서 있습니다." 도요타 회장 도요타 아키오(Toyoda Akio)가 엄숙하게 선언했다. 이어 업계 전통에 묶이지 않겠다는 다짐이 나왔다. "기존의 관습과 전망을 무시하고 다시 처음부터 꿈의 차를 만들기 시작할 것입니다."

도요타의 새로운 접근은 대폭적인 생산방식 단순화를 포함했다. 바퀴부터 시작해 위쪽을 디자인하는 대신 유연성이 높은 단일 플랫폼으로 미래 자동차를 만들어내기로 했다. 좌석 높이 선택폭은 다섯 단계로 제한되었다. 핸들과 페달, 좌석, 라디오 등 기본 부품은 모든 모델이 공유하게 했다.

이로써 도요타는 납작한 스포츠 쿠페부터 높직한 SUV에 이르는 전 라인을 표준화된 부품으로 생산할 수 있게 되었다. 고객들은 이전과 차이를 알지 못했다. 외장이 멋지게 갖춰진 것만 보고 더 싼 값에 더 개선된 차를 타게 되었다고 생각한 것이다.

업계 관행에서 기꺼이 벗어난 결과 놀라운 코스토베이션이 달성되었다. 자동차 조립을 모듈화하면서 신차 생산비용이 20퍼센트 줄었고 새로운 생산라인 구축비용도 절반으로 줄었다. 생산공장은 작은 단층 건물로 충분해 건축비와 냉난방비가 절감되었다. 실로 놀라운 수치적 성과였다.

업계 상황을 새로운 시선으로 바라보는 다섯 가지 방법

코스토베이션은 일이 어떻게 되어야 하는지 정해져 있다는 사고를 거부한다. 그러려면 다른 생각, 과감히 질문하는 태도가 필요하다. 이렇게 말하면 코스토베이션이 '남다른 창의성'을 타고난 사람에게만 가능한 일처럼 보인다. 하지만 지난 수십 년 동안 행동과학, 철학, 발명 분야 전문가들은 창의성, 그리고 관습을 넘어선 사고가 습득 가능한 능력임을 증명해왔다. 그중 여기서 주목하고 싶은 인물은 구소련의 겐리히 알츠슐러(Genrich Altshuller)이다.

1926년생인 알츠슐러는 발명가들이 기묘한 괴짜로 여겨지던 시대를 살았다. 예술가가 그렇듯 발명가들도 창의성을 주체하지 못해 새벽까지 일에 매달리다가 대낮에나 잠에서 깨거나 감정이 급격하게 요동치는 존재라고 여겨졌다. 그들의 재능은 초월적인 것 혹은 그저 우연한 것으로 보였고 어느 쪽이든 극히 드물었다.

하지만 알츠슐러는 이런 고정관념에 맞지 않는 발명가였다. 창의성은 극소수만 누리는 신성한 영감이 아니라 누구든 학습할 수 있는 습관이라는 선구자적 사고를 한 것이다. 구소련 정부는 이 주장을 마음에 들어 했다. 그러면서도 알츠슐러의 아이디어 중 일부는 너무 확산되지 않도록 조심했다(그의 초기 발명 중 하나는 다이빙 기어 없이 잠수함에서 탈출하는 방법이었는데 곧바로 군사 기밀로 분류되었다).

다음 몇 십 년이 흐르는 동안 알츠슐러는 창의적 사고를 촉진하는 일련의 연습 방법을 고안했다. 그리고 이를 창의적 문제해결 이론, 러시아어 약자로 트리즈(TRIZ)라 이름 붙였다. 알츠슐러의 이론은 실험실이나 연구실이 아닌, 정치범 수용소에서 만들어졌다. 그가 '발명 태업'을 이유로 스탈린의 노동 수용소에 수감되었던 것이다. 트리즈는 알츠슐러가 배치되었던 위험한 석탄 채굴장이나 동료 지식인들과 함께 갇혀 있던 추운 감방 등 극한의 상황에서 개발되어 검증되었고 그 덕분에 보다 실용적이고 지속가능한 모습을 갖추었다.

이 책에서는 알츠슐러의 트리즈 방법론을 다섯 가지로 정리해 기존 업계 상황을 새로운 시선으로 바라보는 데 적용하겠다.

1	2	3	4	5
망원경으로 업계 바라보기	현미경으로 제품과 서비스 들여다보기	고객의 시선으로 바라보기	고객을 바라보는 방식 바꾸기	가치사슬에 대한 접근법 다시 고민하기

제품과 서비스에 대한 고정관념을 거부하라

: 망원경으로 업계 바라보기

늘 해왔던 방식이 반드시 최상의 것은 아니다. 하지만 시대에 뒤쳐진 아이디어가 업계를 지배하는 상황은 늘 벌어진다. '식당은 쿠키 같은 마진 높은 부가상품 판매를 빠뜨려서는 안 된다', '항공사는 사전에 좌석을 지정해둬야지 안 그러면 대혼란이 빚어질 것이다', '택시는 면허를 받고 운행되어야만 한다'와 같은 주장이 그렇다. 낡은 아이디어를 의도적으로 미래로 끌고 가려는 사람은 없다. 혁신적 기술이나 고객 선호도 역전 등의 새로운 요소가 등장하면 기존 아이디어는 금방 낡은 것이 되어버린다. 핵심은 전통적 믿음이 더 이상 유효하지 않음을 깨닫고 과거의 행동을 중단하는 것이다.

업계가 어떻게 변화하고 있는지, 오랜 전통이 계속 의미를 지니는지 지속적으로 평가하는 과정을 거친다면 강력한 경쟁자의 갑작스러운 출현에도 당황하지 않을 수 있다. 한 걸음 뒤로 물러서서 신참자의 눈으로 자기 업계를 바라보는 습관을 들여라.

예를 들어 화훼 산업에 오래 몸담은 사람이 아니라면 슈퍼마켓이나 꽃집에서 구입한 생화가 실은 2주나 된 것임을 모를 것이다. 콜롬비아나 에콰도르의 농장에서 자른 꽃이 항공편에 실려 마이애미 국제공항에 들어가고 고객을 기다렸다가 거대한 냉장창고로 옮겨져 선별작업을 거친 후 미국 각 지역의 꽃집과 소매점에 트럭으로 운송되기까지 걸리는 시간이 2주이다. 미국의 경우 그렇다. 유럽이라면 약 3000킬로미터 떨어진 케냐에서 이동해온 꽃일 확률이 높다. 열 명 넘는 중간 거래인의 손을 거쳤을 것이고 전체의 절반가량은 기온 변화로 활짝 피어버린 탓에 폐기되었을 것이다.

그러니 당신이 구입해 식탁 위 화병에 꽂아둔 꽃의 수명이 한 주에 불과한 것도 당연하다. 최근 이 길고 복잡한 화훼 공급과정을 바꿔보려는 스타트업 기업이 여럿 등장했다. 새로운 시선 덕분에 가능해진 접근이었다. 예를 들어 2017년 초 벤처 캐피털 4300만 달러로 시작한 스타트업 부크스(Bouqs)는 농장과 소비자를 직접 연결함으로써 기존의 화훼 공급 단계 대부분을 생략해버렸다. 도매업자와 소매업자 몫의 마진이 사라져 가격이 내려갔을 뿐 아니라 운송시간을 줄여 소비자의 화병에서 꽃이 더 오래 싱싱함을 유지할 수 있게 되었다.

실행하기

- 당신의 제품과 서비스 업계에 통용되는 믿음 가운데 스무 가지 정도를 적어보라. 더 기본적이고 전통적일수록 좋다. 각각의 믿음이 흔들릴 때 어떤 일이 일어날지 생각해보라. 새로운 상황의 긍정적 측면과 부정적 측면은 무엇인가?
- 당신의 제품과 서비스 업계의 역사를 되짚어보고 이를 현재 상태와 비교하라. 오늘의 상황은 어떤 과정을 거쳐 얻어졌는

가? 과거에 만들어진 믿음이 여전히 유효한가?

- 기존의 믿음이 끔찍하게 잘못된 것이라 상상해보자. 어떤 측면이 그렇게 끔찍한가? 타당한 이유가 있는가? 그 믿음을 긍정적인 방향으로 돌릴 방법이 있는가?

- 사업에 거의 도움이 안 되어 꺼려지는 고객들에 대해 생각해보라. 그 고객이 진정 원하는 것은 무엇인가? 그들이 전혀 신경 쓰지 않는 것은 또 무엇인가?

- 기업, 특히 새로운 길을 개척한 기업은 현재에 이르기까지 여러 시행착오를 거친 경우가 많다. 당신이 속한 업계를 생각해볼 때 바꾸고 싶은 부분이 있는가? 다시금 처음부터 시작해야만 한다면 예전과 어떻게 달리 하겠는가?

- 당신의 업계가 다른 나라에서는 어떻게 운영되는지 살펴보라. 법적, 정치적, 문화적 차이 때문에 동일한 형태는 불가능하겠지만 최대한 마음을 열고 당신 쪽으로 가져올 수 있는 부분이 무엇일지 찾아라.

- 다른 업계를 살피면서 영감을 얻는 것도 유익하다. 경쟁자들을 흉내 내어 혁신적 아이디어를 얻기란 거의 불가능하기 때문이다. 의료보건 분야라면 똑같이 규제가 심한 금융서비스 분야에서 배울 수 있다. 다른 업계에서 좋은 아이디어를 찾는다면 처음부터 새로 만드는 수고를 면하게 된다.

✔ 아주 작은 부분에 질문을 던져라

: 현미경으로 제품과 서비스 들여다보기

일은 이렇게 해야 하는 법이라는 낡은 믿음은 업계에도 존재하지만 제품과 서비스 차원에도 무수히 많다. 구체적으로 검토하면서 믿음을 해체하라. 제품이나 서비스를 일종의 팀이라 여겨보라. 팀의 각 구성원이 제 역할을 다해야 하듯 제품이나 서비스에서도 각 요소가 기업의 사명이나 전략에 부응하는 성격을 보여야 한다. 이렇게 세부적으로 검토하기 시작하면 엄청난 가능성이 생겨난다.

예를 들어 2016년, 33억 달러로 월마트(Walmart)에 인수된 전자상거래 소매업체 젯닷컴(Jet.com)을 보자. 고객들은 젯닷컴을 아마존(Amazon)보다 저렴한 대안 업체로 보았다. 젯닷컴의 비범함은 공급망에서 비용을 줄이는 과정에 고객을 참여시켰다는 데 있다. 쇼핑카트에 더 많이 담을수록 가격이 내려갔다. 더 나아가 동일 집하센터에 위치한 상품들을 함께 주문하면 할인폭이 커졌다. 젯닷컴 측이 상품을 모아 싣는 비용이 줄어들기 때문이다. 집하센터에서 배송지까지의 거리에 따라서도 가격이 달라졌다. 신용카드 대신 직불카드로 결제하는 경우, 무료반품 권리를 포기하는 경우에도 할인을 받았다. 온라인 쇼핑 경험의 각 요소를 쪼개어 검토함으로써 (그리고 가장 비용이 높은 요소에 초점을 맞춤으로써) 젯닷컴은 엄청나게 창의적인 비용절감 방법을 찾아냈고 고객들도 즐겁게 거기에 동참해주었다.

- 당신의 제품이나 서비스에서 90퍼센트의 특성을 제거했다고 상상해보자. 그 단순화된 모습을 더 좋아할 고객 유형이나 상황은 무엇인가?

- 중복이라는 측면에서 제품과 서비스를 분석해보자. 합칠 만한 유사 요소가 있는가?

- 제품과 서비스의 각 요소를 떨어뜨려보자. 다시 조합할 새로운 방법이 있을까?

- 제품과 서비스를 작은 부분들로 나눌 수 있는가? 그때의 장점과 단점은 무엇인가?

- 단점을 강점으로 부각시킬 수 있는가?

- 우리는 가장 인기 있거나 가장 인기 없는, 즉 가장 칭찬받거나 가장 불만이 많은 부분에 주로 집중한다. 그 사이 지점에 현미경을 맞춰보자. 별다른 분석 없이 후속 제품에 적용되었던 부분 말이다. 그리고 '왜', '만약', '어떻게'라고 질문을 던져보자. 고객들은 그 부분을 좋아하는가? 인식도 못하는 것은 아닌가? 왜 인식하지 못할까? 만약 그 부분을 빼버린다면 어떻게 될까? 개선할 방법이 있다면 무엇일까?

✔ 고객 경험을 따라갈 수 있어야 한다

: 고객의 시선으로 바라보기

　기업들이 고객의 시선으로 자사 제품과 서비스를 바라보는 시간은 놀랄 정도로 적다. 물론 회사 내부 문제들을 해결하는 일만으로도 충분히 바쁘다는 것을 안다. 하지만 기업과 고객이 이렇게 단절되는 것은 위험하다. 먼저 고객에게 초점을 맞추고 다음으로 고객의 필요에 맞춰 제품과 서비스를 디자인함으로써 상황을 바꿔나가라. 고객 중심으로 생각하는 기업의 혁신은 큰 반응을 이끌어낸다. 고객과 진정으로 공감하며 고객의 마음을 반영하기 때문이다.

　예를 들어 대부분의 휴대폰 통신사들은 사용량이 많은 프리미엄 고객을 중심으로 두고 넉넉한 데이터, 최신기술, 복잡한 계약 조건을 고안한다. 그 와중에 사용량은 많지 않지만 그럼에도 통신 서비스를 필요로 하는 고객들, 대표적으로 노인층 고객들은 소외당하고 만다.

　무서운 속도로 성장하고 있는 오리건의 통신사 컨슈머 셀룰러(Consumer Cellular)는 고객 평균연령이 63세다. 중노년층의 시선으로 휴대폰 기술을 바라보면서 이 회사는 다른 조건을 붙이지 않은 월 25달러 안팎의 단순한 가격을 제시한다. 사용 편리성을 높이기 위해 휴대폰 제조사들과 협력해 휴대폰에 필수 앱을 미리 설치해두고 사용설명서도 쉽게 만들었다. 버튼을 크게 하고 보청기 사용자의 편의성도 고려했다. 또한 중노년층이 휴대폰 사용과 관련해 쉽게 도움을 청할 수 있도록 콜센터를 갖추었고 기술에 익숙하지 못하고 적응 속도가 느린 고객들 응대에 전문화된 상담사를 배치했다.[2] 이동통신은 소비자에게 칭찬보다 원망을 더 많이 받는 업계지만 컨슈머 셀룰러 사는 고객 중심 서비스와 비용절감을 동시에 이뤄낼 수 있음을 보여주고 있다.

실행하기

- 고객이 당신 회사의 제품이나 서비스를 접하고 구입하고 사용하고 고쳐 쓰고 폐기하기까지의 각 단계를 그려보라. 업계 전체에 대해서도 같은 작업을 해보라. 뜻밖에 발견한 부분이 있는가? 어느 단계에서 문제가 발견되는가?

- 고객이 일상적으로 제품과 서비스를 사용하는 상황을 검토하라. 불편하게 여기는 부분은 어디인가? 어떻게 문제를 해결할 수 있을까?

- 제품과 서비스의 수명에 대해 생각해보라. 취약점이 어디인가? 성능인가, 고객 서비스인가? 해결방법은 무엇인가?

- 고객이 회사의 의도와 다른 방식으로 제품과 서비스를 사용하고 있는가? 고객의 필요는 무엇인가? 어째서 그렇게 사용하는 것일까?

✔ 고객이 성취하려는 목표 중심으로 접근하라

: 고객을 바라보는 방식 바꾸기

당신의 시장은 어디인가? 이 질문에 대해 대부분 기업들은 성별, 연령, 거주지, 교육수준, 소득, 가족 규모, 직업, 인종, 결혼 여부 등 인구학적 특성을 기준으로 답한다. 백인 중상류층으로 교외에 거주하는 어머니들, 밀레니얼 세대, 미혼의 도시 남성, 자녀들을 독립시킨 미 남부의 중장년층, 매출 천만 달러 미만의 소매업체 등등으로 말이다. 당신의 경쟁자들도 마찬가지 방법으로 시장을 대상화할 것이다. 기업들이 수십 년 동안 이렇게 해온 이유는 인구학적 특성이 측정하기 쉽고 또한 이를 중심으로 한 마케팅이 많은 경우 효과적이었기 때문이다. 하지만 이 책은 모두가 따르는 기존의 믿음을 깨뜨리고자 한다. 새로운 접근은 고객의 필요를 한층 정확하게 드러낼 것이다.

주류 산업에서 대상고객은 연령이나 성별 같은 인구학적 특징에 따라 설정되었다. 하지만 이것만으로는 소비자 집단이 실제로 어떻게 행동하는지, 언제 어떤 이유로 특정 술을 선호하는지 밝히기 어렵다. 예를 들어 이십 대 후반 남성들은 데이트를 할 때와 친구들과 술집에서 한잔할 때 마시는 술 종류가 달라진다.

한번 다르게 접근해보자. 고객이 성취하려는 목표 중심으로 대상을 나눠보면 어떨까? 이는 고객이 특정 제품을 선택하는 숨은 동기가 된다. 멋진 식당에서 데이트를 하는 청년은 상대를 감동시키기 위해 술을 선택한다. 반면 친구들과 술집에 갔다면 저렴하게 즐기고 싶어 할 것이다. 목표가 다르므로 해결책도 달라진다. 이를 고려할 수 있는 기업이야말로 고객 중심적이다. 세상에는 제대로 해결책을 찾지 못한 혹은 미흡하게 부분적으로만 해결된 상태인 목표가 넘치도록 많다. 찾아 나서서 해결해보라.

✔ 낡은 관계를 새로이 해석하라
: 가치사슬에 대한 접근법 다시 고민하기

고객의 필요를 우선시하라고 계속 강조했지만 회사의 생태계에는 고객 외에 다른 참여자들도 물론 존재한다. 이번 다섯 번째 연습은 공급 네트워크에 있는 파트너들에게 주의를 집중하는 것이다. 재료 공급자, 제조 담당자, 운송업자 등 상대적으로 관심을 덜 받아온 존재들 말이다. 고객과 마찬가지로 이들 참여자에게도 나름의 목적이 있다. 그에 맞춰 해결책을 마련하면 모두를 위한 윈-윈을 만들 수 있다. 하지만 이러한 가능성을 고려하는 기업은 손에 꼽을 정도로 드물다.

사례를 통해 살펴보자. 빵은 수십 년 동안 미리 구워져 포장까지 된 상태로 소매점에 도착했다. 소매점 주인은 빵을 받아 곧바로 진열하면 그것으로 끝이었다. 20세기 중반쯤 제빵업계 혁신가들이 파베이킹(parbaking)이라는 신기술을 고안했다. 반쯤 구운 반죽을 냉동 상태로 장거리 운송한 후 소매점 직원들이 마저 구워 포장하는 방식이었다.

얼핏 생각하면 소매점에서는 이 시스템을 싫어했을 것 같다. 오븐 등 시설투자가 필요하고 제빵 담당 직원도 채용해야 하니 말이다. 하지만 파베이킹은 차별화를 원했던 소매점 주인들에게 새로운 가치를 창출했다. 고급 기술자 없이도 종일 갓 구운 빵을 판매할 수 있게 된 것이다. 매장에서 직접 구운 빵은 고객들에게 신선함이라는 가치를 부여했고 기분 좋은 냄새도 환영받았다. 소매점 주인 입장에서는 여러모로 이득이었다. 제빵업체들 입장에서도 빵 보관 기간이 늘어나 배송 횟수가 줄어들고 폐기량이 적어졌다. 제빵업체와 소매점 사이의 전통적 공급방식을 다시 생각한 덕분에 멋지게 차별화된 새로운 공생관계가 만들어진 것이다.

실행하기

- 당신의 비즈니스 가치사슬에 공급업자, 제조업자, 운송업자, 창고회사, 소매업자, 브로커 등 어떤 참여자들이 있는지 생각해보라.
- 각 참여자들의 비즈니스를 그려보라. 각 참여자가 이루고자 하는 목적은 무엇인가? 목적 달성을 가로막는 요소는 무엇인가?
- 가치사슬의 참여자들이 더 효율적으로 일하도록, 자본을 덜 쓰도록, 더 빨리 움직이도록 도울 방법을 고민해보라.

돌파구를 찾는 시선

활동	사례
1단계 대상고객 집단을 위해 무엇을 제공할지 결정한다.	대형 식품회사가 커플들의 저녁식사가 지닌 목표를 이해하려 한다. 거기서 나온 발견은 대상고객의 숨겨진 행동 동기를 겨냥한 신제품 개발로 이어질 수 있다.
2단계 인과관계를 분명하게 한다.	브레인스토밍 회의를 거쳐 독립변수와 종속변수가 결정된다. • 독립변수: 고객이 성취하려는 목표, 종속변수와 유의미한 통계적 관련성을 가지는 상황맥락 • 종속변수: 가구 수입, 음식 선호, 지리적 위치(도시 혹은 시골)
3단계 고객이 성취하고자 하는 목표를 폭넓게 바라본다. 이를 위해 질적 면접, 포커스 집단, 민속지학(ethnography) 연구를 활용한다.	커플이 저녁식사를 계획하고 준비하고 먹고 치우는 방법을 알아내기 위한 질적 면접을 실시한다. 추가적으로 몇 사람의 집을 직접 방문해 저녁식사 모습을 관찰하는 민속지학 연구를 수행한다.
4단계 찾아낸 고객 목표들을 기능적, 정서적 측면으로 분류한다. 유사 목표를 묶고 고차원 목표와 구체적 목표를 구분한다.	다양한 목표가 추출되어 기능적 목표와 정서적 목표가 구분된다. • 기능적 목표: 건강한 식사, 예산 내의 지출, 채소 준비와 같은 사소한 일을 더 빨리 해결하기 • 정서적 목표: 편안한 휴식, 파트너와의 유대, 새로운 요리법 습득, 새로운 메뉴 시도
5단계 상황에 따라 다양한 목표의 중요도가 어떻게 달라지는지 평가한다. 인구학적 정보, 인간 행동이나 태도 관련 정보를 수집한다.	상황에 따라 특정 목표가 더 중요하게 대두된다는 점이 밝혀진다. 예를 들어 바쁜 직장인들에게는 예산을 지키는 것보다 귀찮은 준비 시간을 줄이는 게 더 중요하다. 하지만 요리 과정을 완전히 없애고 싶어 하지는 않는다. 요리는 이야기를 나누며 유대를 쌓는 과정이기 때문이다. 연구자들은 관찰 결과를 기록하고 질적 조사로 이를 다시 확인한다.

6단계

비슷한 방식으로 행동하고 결정하고 목표를 설정하는 고객 집단을 찾아낸다. 모집단이 충분히 클 경우 통계적 접근을 활용한다.

인구학적 특징에 따라 목표의 우선순위가 달라지는지 확인하기 위해 데이터를 검토한다. 연령, 지역, 시간의 자유도, 수입에 따라 목표가 어떻게 바뀌는가? 이는 직업 기반 고객층 선정에 토대가 된다. 서로 다른 상황에서 목표의 우선순위가 어떻게 달라지는지 한눈에 보여주는 표가 작성된다.

7단계

서로 다른 고객층과 서로 다른 목표가 어떻게 생산적으로 연결될 수 있을지 구체화한다.

최종 체크리스트

• 구분된 고객층은 서로 겹치지 않으면서도 시장 전체를 포괄해야 한다.

• 각 고객층은 특정 인구학적 혹은 여타 변수로 묶여 있어 시장에서 구분 가능해야 한다.

• 각 고객층이 무엇에 반응할지, 어떻게 고객층에 접근할지 알아내야 한다. 제대로 고객층을 잡았다면 다음 질문에 대답할 수 있다.

  – 이 고객층은 무엇을 필요로 하는가?
  – 어떻게 행동하는가?
  – 그렇게 행동하는 이유는 무엇인가?
  – 어떤 대접을 가장 받고 싶어 하는가?
  – 어떤 기준으로 판단하는가?
  – 경쟁사들에 대해서는 어떻게 평가하는가?

추출된 한 고객층은 요리에 열정을 지닌 이들이다. 나이가 젊고 요리 지식이 거의 없지만 영양 많고 특별한 음식을 저렴하게 준비하고 싶어 한다. 따로 교육을 받을 만큼 요리 도구를 갖추지 못했고 시간도 내기 어렵다. 하지만 적절한 준비 시간을 거쳐 식사를 마련하고 싶어 하며 저녁시간은 하루의 노동 후에 파트너와 휴식하는 때라는 믿음을 고수한다.

똑같이 생각하면 똑같은 결과를 얻을 뿐이다

어째서 은행을 터느냐는 질문에 전설적인 은행 강도 윌리 서턴(Willie Sutton)은 "거기 돈이 있으니까."라고 대답했다. 자, 그렇다면 만약 은행에 돈이 없다면 어떻게 될까? 2001년, 남아프리카공화국에 설립된 캐피텍(Capitec) 은행은 현금 보유를 포함해 은행이 기본적으로 담당해야 한다고 여겨지는 업무에 질문을 던진다.

무슨 말도 안 되는 얘기냐 싶겠지만 실상 이 은행의 비즈니스 모델은 철저히 현실적이다. 은행들이 현금 관리에 애를 먹는 데 주목한 것이다. 기존 은행들은 직원들이 현금을 제대로 세고 관리하도록 훈련시켜야 하고 지점으로 현금을 운송할 때도 방탄차와 안전요원을 배치하는 등 신경을 써야 한다. 캐피텍은 지점 창구에서 현금을 찾을 수 없게 함으로써 놀라운 코스토베이션을 이뤄냈다. 고객들은 ATM에서 현금을 인출하든지, 전국 규모 소매점에 설치된 입출금기를 이용하면 된다.

현금 관리 업무를 없앰으로써 캐피텍 직원들은 현금을 세고 관리하는 업무에서 벗어났다. 여기서 절약된 비용은 고객에게 돌아갔다. 수수료가 낮아지고 고객 서비스가 대폭 개선되었다. 안전 문제로 은행원과 고객 사이에 두꺼운 유리를 설치했던 이전 관행에서 벗어나 직원들은 면대면으로 고객과 마주 앉아 상담에 집중했다. 소매점주들은 흔쾌히 입출금기를 설치하고 캐시백 서비스를 받았다. 매장 내 현금 보유액을 줄이고 싶었던 상황도 현금 입출금기가 들어오면서 해결되었다.

캐피텍은 저수익 시장에서 출발했지만 점차 중산층과 고소득층 고객까지 흡수했다. 기존 은행들이 수십 년 동안 장악해온 시장이었다. 스무 살이 채 안 된 이 은행은 이제 남아공 최대 은행 중 하나로 자리 잡았다. 은행업을 다른 시선으로 바라보고 개인 고객 대상 은행의 핵심 기능을 재인식한 덕분에 말이다. 수십 년 동안 은행의 마케팅 부서는 고객의 소득 수준에 따라 시장을 정의했다. 연수입 2만 달러인 가구가 필요로 하는 금융 서비스는 연수입 20만 달러인 가구와 다르다는 생각이었다. 주류 산업 출신인 캐피텍 설립자들은 이를 '전통적 금융업'이라 비판하며 다른 방향으로 나아갔다.

캐피텍은 수입이 아닌, 금융에 대한 필요와 관심이 동일한 고객을 겨냥해 마케팅 전략을 짰다. 첫 직장을 다니기 시작해 난생처음 은행을 이용하게 된 고객이었다. 이들 고객은 복잡한 금융 상품을 필요로 하지 않았다. 은행 업무 경험이 없었으므로 창구에서 현금 인출을 못 한다는 불평도 나오지 않았다. 이들의 관심사는 낮은 수수료, 그리고 필요할 때 충분히 제공되는 맞춤형 상담이었다.

이들 고객층의 필요를 꿰뚫어본 캐피텍 은행은 이용하기 쉬운 기본 계좌를 개발했다. 잠재 수입을 창출하기 위해 다른 은행들처럼 복잡한 계좌 조건을 붙일 수도 있었지만 이는 대상고객이 필요로 하는 것이 아니었다. 그리하여 저비용으로 더 나은 서비스를 제공해 두 마리 토끼를 잡으면서 대상 고객층의 마음을 샀다. 젊고 수입이 낮은 고객은 금융계에서는 전통적으로 수익성 낮은 집단으로 여겨졌다. 하지만 캐피텍은 이들을 충성도 높은 미래 고객으로 파악했다. 그리고 이들 고객이 목표로 하는 바를 정확히 제공하여 충성도를 확보했다. 늘 똑같은 방식으로 존재하던 시장에 새로이 접근한 것이다.

TV로 축구를 시청할 때 우리는 방송사 중계팀이 가장 흥미롭다고 생각하는 바로 그 방식으로 경기를 본다. 시선은 선수들 사이를 오가는 공에 집중된다. 뛰어난 신체적 능력과 과감함을 드러내며 뛰는 선수가 클로즈업된다. 가쁜 호흡이 입김으로 드러나고 스포츠음료가 손에서 손으로 옮겨지는 모습도 등장한다. 하지만 라커룸에서 전략을 토론하는 코치나 선수들은 경기를 이렇게 보지 않는다. 더 큰 그림을 분석한다. 상대의 허를 찌르면서 공격하기 위해 쉴 새 없이 대형을 바꾸는 선수들 스물두 명 모두를 살핀다. 경기의 클라이맥스는 종종 공이 없는 지점에서 나타난다.

그러니 그저 공만 따라가지는 말라. 업계의 규칙을 바꿔라. 습관을 깨뜨려라. 믿음을 버려라. 처음부터 다시 시작하라. 고객층을 완전히 다르게 설정해보라. 한 번도 묻지 않았던 질문을 던져라. 남들과 달리 접근하라. 똑같이 생각하면 똑같은 결과뿐임을 기억하라.

모든 코스토베이션은 시장, 산업, 비즈니스에 대한 창의적 시선에 뿌리를 둔다. 경쟁자들과 똑같이 산업과 시장을 바라본다면 경쟁자들과 똑같이 접근할 수밖에 없다. 어떻게 창의적 시선을 가질 수 있을까? 난데없이 나타날 수도, 브레인스토밍을 거쳐 도달할 수도 있다. 도움이 되는 다섯 가지 질문은 다음과 같다.

- 망원경을 사용하듯 멀리서 업계를 바라보라. 전통적으로 견지되었지만 더 이상 유용하지 않은 믿음을 한 걸음 물러서 살펴보라. 늘 그렇게 해왔다고 해서 그게 최고라는 뜻은 아니다.
- 현미경으로 자사 제품과 서비스를 들여다보라. 각 부분에 따로 집중하라. 제품과 서비스의 모든 부분이 전체 목표와 전략에 부합하는지 점검하라. 관행적인 부분이 얼마나 많은지 아마 놀라게 될 것이다.
- 고객의 시선으로 바라보라. 기업들은 컨테이너의 세관 통과, 공급업자와의 계약 갱신, 새로운 IT 시스템 도입 등 고객은 관심 없는 일에 매달려 있기 쉽다. 이래서는 곤란하다. 당신 기업은 고객의 기대와 요구에 진정 초점을 맞추고 있는가?
- 고객과 고객층을 바라보는 방식을 바꿔라. 인구학적 특징 같은 전통적 기준 대신 고객이 이루고자 하는 목표를 파고들라. 이런 과정을 거치면 진정한 고객 중심 접근이 가능해진다.
- 가치사슬을 구성하는 참여자들을 새로이 바라보라. 고객이 왕이라

고 하지만 고객의 목표를 이루게 하는 비즈니스 생태계에는 다른 참
여자들도 존재한다. 이 참여자들이 더 잘 일하도록 도울 방법을 찾
아라. 그리고 이를 통해 자신의 비즈니스를 강화하라.

2장에 소개된 연습들만으로 현실을 돌파하는 코스토베이션을 이루
기는 어려울 수 있다. 하지만 전통적 사고에서 벗어나면 문제를 새로운
눈으로 볼 수 있다. 이것이 발전하면 산업을 뒤흔들 것이다. 이 창의적
시선으로 무엇을 할 수 있을지, 다시 말해 코스토베이션을 어디에 집중
시킬지는 다음 장에서 다루겠다.

명확하고 간결한
최종목표가 필요하다

전략적 목표를 바탕으로 핵심 영역을 선택하고

이를 북극성 삼아 나아가라.

쇼맨십을 보고
요리사를 뽑는 식당

아오키 히로아키(Aoki Hiroaki), 짧게 줄여 로키라고도 불리는 이 인물은 열두 사람 몫의 인생을 살았다. 1960년대에 로큰롤 밴드의 일원으로 활동하다가 조국 일본을 대표해 올림픽에 레슬링 선수로 출전했다. 이후에는 파워보트 경주 챔피언이 되었지만 금문교 다리 아래에서 치명적인 충돌사고를 당했다. 내부자 거래로 기소되기도 했고 결혼은 세 번 했다. 성인잡지를 창간하기도 했는데 이 잡지는 오늘날에도 여전히 발행된다. 생애 말년에는 자식 네 명을 상대로 격렬한 법정 싸움을 벌여야 했다.

하지만 로키의 가장 탁월한 전설은 식당 비즈니스에서 나온다. 그는 미국인들에게 일본 요리의 세계를 알려준 인기 식당 체인 베니하나(Benihana)의 창업주였다. 요리사들이 손님들 입안에 음식을 던져 넣는 파격까지 허용했다. 베니하나는 기존의 레스토랑 영업모델을 완전히 뒤집었다. 로키는 훈련받은 요리사가 아니었지만 쇼맨십이 있었고 나름의 방식으로 일을 처리했다. 그의 식당에서 특별히 창의적인 요소는 두 가지였다. 첫 번째는 공간 관리였다. 베니하나 요리사들은 주방에 숨어 있지 않고 손님들 테이블 앞에 서서 현란한 칼 재주를 뽐내며 요리한 후 뜨거운 음식을 직접 접시에 담아주었다. 덕분에 주방 공간이 확 줄어들었고 그만큼을 테이블로 채워 매출을 올릴 수 있었다. 다른 식당에서 주방이 차지하는 공간이 전체의 30퍼센트라면 베니하나의 경우 22퍼센트면 되었다.[1]

두 번째 창의성은 단순한 메뉴에서 비롯됐다. 주요리는 스테이크, 치킨, 새우 단 세 가지뿐이었는데 모두 조리가 쉽고 사람들이 좋아하는 기본적인 종류였다. 인색해서가 아니었다. 손님들에 대한 나름의 판단에서 내린 선택이었다. "미국인들은 이국적인 환경에서 식사하기를 즐기지만 이국적 식재료는 몹시 미심쩍어합니다."라는 것이 로키의 의견이었다. 그리하여 일본 음식의 토대가 되는 각종 해산물, 나또, 회 등은 메뉴에서 빠졌다. 음식 종류가 단순해지면서 식자재 관리가 쉬워지고 쓰레기가 대폭 줄었다. 요리사는 요리 실력보다는 쇼맨십을 기준으로 선발되었다.

메뉴 선택폭이 제한적이고 때로 낯선 손님과 한 테이블에 합석해야 하거나 식당이 시끌시끌하고 복잡했음에도 베니하나는 미국 문화 및 식당 경영 전통의 고전적 사례가 되었다. 주방 작업을 간소화하기 위한 로키의 끊임없는 집중적인 노력은 기존 식당들과 확실히 차별화된 것이었다.

앞선 2장에서 시장을 다른 시선으로 보게 되면 남들이 놓친 기회를 잡을 수 있다고 하였다. 이제는 베니하나와 같은 기업들이 코스토베이션을 이루면서 거치게 되는 조정, 우선순위 결정, 트레이드 오프의 세부 사항을 구체적으로 살피겠다.

3장의 내용은 다음과 같다.

- 코스토베이션 프로젝트에 끊임없는 집중과 명확한 최종목표가 중요한 이유
- 코스토베이션을 계속하기 위한 강력한 전략목표 사용 방법
- 다른 기업들이 코스토베이션에 집중하기 위해 선택한 것들 및 당신이 채택할 만한 것들

✔ 단순하고 이해하기 쉬운 전략목표

코스토베이션은 끊임없는 우선순위 결정이다. 비용절감을 시도하는 것만으로는 코스토베이션을 이룰 수 없다. 비전과 일관성이 필요하다. 비전은 명확한 최종목표, 다시 말해 새로운 프로젝트를 추진해야 하는 명확한 비즈니스 이유에서 나온다. 일관성은 전술의 초점을 선택하는 데서 나온다. 차례로 살펴보자.

혁신 프로젝트의 첫 단계는 어디로 가야 할지 아는 것이다. 새로운 프로젝트를 해야 하는 이유는 무엇인가? 무엇을 향해 가려 하는가? 무

척 단순하고 기본적인 질문으로 들린다. 하지만 대충 모호하게 넘어가는 경우가 얼마나 많은지 모른다. 혁신은 100달러짜리 지폐와도 같다. 누구나 갖고 싶어 하지만 가장 잘 사용하는 방법에 대해서는 모두 생각이 다르다. 낡은 생산시설을 보수하려는 사람도, 경쟁자를 넘어서려는 사람도, 글로벌 확장을 노리는 사람도 있다. 이 모두를 한꺼번에 하겠다는 기업들도 여럿이다. 그렇지만 그저 지금보다는 '더 나은' 어떤 상황을 어렴풋이 그릴 뿐 최종목표를 잘 모르는 이들도 존재한다.

명확하고 간결한 전략목표는 중요하다. 이게 있어야 어느 혁신 프로젝트에나 있기 마련인 어려운 의사결정에서 방향을 잡을 수 있기 때문이다. 방해요인이 등장할 때, 예를 들어 피트니스 센터에 바닷물 수영장이나 오이 띄운 생수를 구비해야 한다고 할 때 전략목표가 뚜렷하면 경로를 유지할 수 있다. 혁신팀이 인원을 늘려 확장될 때도 전략목표는 팀의 활동에 안정감을 부여할 것이다. 단순하고 이해하기 쉬운 전략목표는 어느 프로젝트에서나 중요하지만 가격 인하와 고객만족이라는 두 마리 토끼를 지향하는 코스토베이션에서는 특히 핵심적이다.

그 이유를 살피기 위해 다시 플래닛 피트니스 사례를 보자. 가성비를 높이기 위해 플래닛 피트니스는 몇 가지 결단을 내렸다. 상대적으로 쉬운 결정도 있었다. 수영장이 꼭 있어야 할까? 공간도 많이 차지할뿐더러 설치와 유지비용도 많이 드는 시설이다. 저가 원칙에 맞지 않으므로 수영장은 탈락. 놀이방은 어떨까? 책임질 일이 많이 생기고 전문 직원들도 고용해야 한다. 역시 탈락.

반면 쉽지 않은 결정도 있었다. 고강도 웨이트 장비가 없어도 될까? 개인 트레이너가 없다면 어떻게 될까? 대답이 쉽지 않았다. 스쿼트랙이나 백 파운드짜리 웨이트 기구 없는 피트니스가 어디 있단 말인가? 명확한 전략목표가 없었다면 플래닛 피트니스는 설계 단계에서 이미 평범한 모습으로 바뀌어버렸을 것이다. 값비싼 설비는 없앴을지 몰라도 고객 입장에서 딱히 차별화된 모습으로 받아들여지지는 못하는 어중간한 상태 말이다.

플래닛 피트니스의 전략목표는 입문자나 평범한 이용자에게 선택되는 것이었다. 이런 이용자들은 피트니스에서 어색한 기분을 느끼기 쉽고 운동기구 이용을 위해 오래 대기해야 한다면 그냥 포기하고 만다. 이들이 편안한 마음으로 생산적인 시간을 보낼 수 있도록 플래닛 피트니스는 다른 곳보다 엘립티컬머신과 러닝머신을 더 많이 구비했다. 고강도 웨이트 기구는 입문자들이 쉽게 접근하지 못해 수요가 적은 영역이었으므로 없앴다. 대부분의 공간을 유산소 운동기구에 할애함으로써 플래닛 피트니스는 핵심 고객의 필요를 충족시키면서 동시에 비즈니스를 단순화하고 부동산 효율도 높일 수 있었다. 전략적 집중이 의사결정에 얼마나 도움이 되는지 잘 보여주는 사례이다.

- 아메리칸익스프레스(American Express)는 신용카드 포인트 프로그램을 차별화하고 비용 대비 효율을 높이겠다는 목표를 세웠다. 경쟁사들은 항공기 마일리지와 호텔 이용 포인트를 제공했는데 비용이 싸

지도, 서비스가 독창적이지도 못했다. 아멕스(아메리칸익스프레스) 카드가 찾은 해결책 골드 카드 이벤트는 경험의 제공에 초점을 맞추었다. 예를 들어 인기 있는 뮤지컬이나 음악회 입장권을 제공하는 것이다. 고객들은 구하기 힘든 입장권을 받을 수 있어 만족했고 아메리칸익스프레스 입장에서도 항공권이나 숙박권보다 비용이 덜 들어 만족이었다.

• 투자회사 에드워드 존스(Edward Jones)는 금융자문 전문가들의 장기적 성장을 촉진하고자 했다. 이를 위해 회사 수익을 오로지 금융자문 전문가들에게서 얻는 방향으로 조직을 개편했다. 투자은행 업무를 포함한 모든 기타 활동은 지원 기능으로 보아 수익에 넣지 않았다. 이런 방법으로 에드워드 존스 사는 전략목표에 맞춰 혁신을 이뤄냈다.

경계 긋기란 포기를 뜻한다

특정 전략목표를 선택했다는 것은 다른 것을 선택하지 않았다는 의미이다. 가격에서 경쟁하기로 선택했다면 다양성이나 속도 면에서 우위를 점할 수 없다. 온라인 신발 판매 기업 자포스(Zappos)는 가격이 아닌 고객 서비스를 선택했고 심야 무료 배송과 같은 차별화된 혜택을 제공한다. 자포스는 경쟁업체들보다 낮은 가격을 내놓지 않겠다고 천명함으로써 가격 전쟁에 뛰어들 가능성을 차단했다.

혁신 전략의 경계를 그리려면 선택과 집중의 의사결정이 필요하다.

당신에게 도움이 되는 방향으로 결정하라. 당신이 선택한 전략적 목표가 당신을 경쟁자들과 차별화시킬 바로 그 지점이다.

전략적 목표 선택하기

회사에 이미 총괄적 전략목표가 수립되어 있다면 훌륭하다. 다음 단계로 넘어가도 좋다. 그게 아니라면 구체적이고 소박한 전략목표 몇 가지를 설정하는 작업부터 해야 한다. 시간이 흐르면서 목표는 달라질 것이다. 중요한 점은 혁신 프로젝트에 추가적 자원을 투자하기 전에 목표가 분명해야 한다는 것이다. 명료한 전략이 아직 없다면 다음 조언을 참고하라.

1. 투자가 필요한 이유, 그리고 승리가 의미하는 바를 정의하라. 시장에서 회사를 차별화시키고자 하는가? 인근 시장으로 들어갈 새로운 길을 개척하려 하는가? 가격으로 경쟁자를 이기려 하는가?

   다음으로는 목표 달성을 어떻게 확인할 것인지 자문하라. 목표는 양적일 수도 있고(2500만 달러 규모의 새로운 비즈니스 창출) 질적일 수도 있다(밀레니얼 세대에게 브랜드 인지도 높이기). 가능하다면 양적, 질적 목표를 모두 정하고 달성 시한도 정하라. 하지만 여기에 너무 많은 의미를 부여하지는 말라. 예상치가 도움은 될지 모르나 이 시점에서 현실적인 목표를 설정하는 것은 실현 가능하지 않다.

2. 어떻게, 누구와 함께 승리할 것인지 정하라. 혁신을 위한 노력이 어디까지 미칠 것인가? 제품이나 비즈니스 모델, 고객을 완전히 바꾸려 하는가? 명확한 지침이 마련되지 못한 경우 선호 분야 몇몇에만 관심을 집중한 탓에 혹은 굳이 변화시키지 않아도 될 영역에 과도하게 야심적인 혁신을 시도한 탓에 망하고 마는 기업도 있다. 혁신의 범위를 설정하고 조직으로서 허용 가능한 경계가 어디인지 이해해야 한다.

3. 기업을 차별화시키는 경쟁우위가 무엇인지 분명히 하라. 경쟁자를 압도하는 데 쓸 수 있는 강점, 자산, 전술을 규정하라. 당신 기업만이 할 수 있는 것은 무엇인가? 어째서 고객이 다름 아닌 당신 제품을 선택해야 하는가? 여기서 해당 영역이나 경쟁과 관련된 기존의 믿음에 갇히지 않도록 주의하라. 그건 시작점일지는 몰라도 종착점은 아니다. 거기에 사로잡혀 시장의 요구나 가능한 신규 비즈니스를 놓쳐서는 안 된다.

코스토베이션을 위한
네 가지 핵심 요소

　시간이 흐르면서 비즈니스는 축약되기보다 확장되는 경향이 있다. 경쟁사들이 차가운 물수건을 제공하면 수건용 냉장고를 구입한다. 주스바와 고압 샤워기가 다음 차례이다. 경쟁자를 따라 계속 하나씩 업그레이드하는 이런 전략은 단기적으로는 효과를 거둘지 몰라도 결국 아무도 차별화되지 못하는 경쟁 구도를 만들어버린다. 고객의 핵심 요구를 정확히 겨냥해 저가 전략을 펼치는 똑똑한 기업 하나만 등장하면 모두 끝장이다.

　고급화라는 중력 법칙을 거부하고 무의미한 혁신을 반복하지 않으려면 혁신 프로젝트의 핵심 요소를 명확히 정하고 집중해야 한다. 핵심 요소는 전략목표를 달성하기 위한 나침반 역할을 한다. 핵심 요소는 다양하게 나타날 수 있다. 평범하게 운동하는 사람이라는 특정 고객층일 수도, 편안함과 같은 속성일 수도 있다. 우리 연구에서는 코스토베이션을 이룬 기업들이 설정한 핵심 요소가 네 가지로 나타났다. 하나씩 살펴보자.

✔더도 말고 덜도 말고 고객이 필요로 하는 바로 그것

첫 번째 핵심 요소는 대상고객이다. 고객의 유형을 구체화하고 바로 그 고객층의 요구를 더도 덜도 말고 정확히 맞춰야 한다. 때로는 선택된 대상고객이 지금까지 무시되어온 유형일 수 있다. 맞춤형으로 접근하기에 규모가 너무 작았거나, 전통적 비즈니스 모델에서는 수익성이 너무 떨어졌거나, 실제로는 급증하는 고객층인데 경쟁자들이 미처 인식하지 못했거나 하는 등등의 이유로 말이다.

앞서 살펴본 플래닛 피트니스는 입문자나 적당히 운동하는 평범한 고객을 선택했다. 전통적인 피트니스 산업에서는 별로 주목하지 않은 유형이다. 피트니스로 끌어들이기도 어려울뿐더러 지속성도 떨어지기 때문이다. 하지만 플래닛 피트니스는 그런 평범한 고객이 필요로 하는 바로 그 수준의 운동 경험을 수용 가능한 가격으로 제공했다. 고객층을 선정하려면 공감능력, 그리고 뛰어난 경청기술이 필요하다. 고객이 지닌 목표, 열정, 지향을 고려하는 노력은 언제나 충분한 가치를 지닌다.

- 스칸디나비아의 호텔 체인 오메나호텔리(Omenahotelli)는 알뜰 여행객을 겨냥한 곳으로 저렴한 가격과 유명 관광지와의 근접성, 딱 두 가지만 보장한다. 로비, 리셉션 직원, 심지어 청소와 관리 서비스까지 다른 것은 모두 배제했다. 손님들은 비밀번호를 받아 방문을 열고 머무는 동안 알아서 방을 관리한다. 오메나호텔리의 핵심 요소는 가격과 위치이다.

- 프랑스의 인터넷 및 무선 데이터 공급업체 프리(Free)는 안정성 높은 고품질 통신을 보장하려 애쓰지 않는다. 대신 데이터와 통신 사용량이 중간 이하이고 성능에 대한 요구도 높지 않은 고객들에게 단순하고 저렴한 가격 구조로 표준적 통신 서비스를 제공한다. 나름의 인프라를 구축하는 대신 기존의 네트워크를 활용한다. 자꾸 변화하는 다양한 요금제에 질색하는 고객들이 주요 대상이다.

고객층 설정하기

1. 특정 고객층의 잠재력은 얼마나 큰가? 시장 크기 분석이 여기서 핵심적 도구가 된다. 집중 공략할 가치가 있을 만큼 수적으로 충분한지 우선 확인해야 한다.

- 업계의 주요 기업들이 현재 대상으로 삼지 않은 고객은 누구인가? 그 고객층의 크기는 얼마나 되는가?
- 전통적인 관점에서 볼 때 수익을 내지 못하는, 그리하여 환영

받지 못하는 고객은 누구인가? 그 고객층의 크기는 얼마나 되는가?

• 당신의 제품이나 서비스를 소비하지 않는 사람들의 공통적인 특징은 무엇인가? 그런 사람의 수는 얼마나 되는가?

2. 특정 고객층의 성장 잠재력은 어떤가? 미래를 확신할 수는 없지만 경향분석을 참고하면 판단이 가능하다. 인구학적 변화, 소비자 선호도 추이, 법규 변동, 가능한 신규 기술을 살펴라. 이와 함께 미래에 줄어들 고객층이 어떤 이들일지도 파악해야 한다.

• 인구학적 변화, 예상되는 추세 변이 등의 이유로 향후 성장이 예측되는 고객층은 누구인가?

• 현재의 고객층을 점검하라. 증가하고 있는가, 줄어들고 있는가?

3. 파괴 가능한 부분은 무엇인가? 일부 성능이 미흡하더라도 지금보다 더 싸고 사용하기 편리한 해결책을 원하는 고객들은 어디에 있는가? 이런 고객이 많다면 파괴적 혁신이 일어날 가능성이 높아진다.

당신의 산업 분야는 파괴 위기를 겪고 있는가? 다음 질문을 던져보라.

- 업계 전반적으로 충분한 이익을 내고 있는가? 판매비, 일반관리비가 전체 비용에서 큰 비중을 차지하지는 않는가? 판매지점이나 판매 협력사에게 지나치게 많은 돈이 가고 있는가?
- 만성적인 고객 불만이 존재하는가?
- 한 부분의 비용이 다른 부분들에 비해 더 빨리 늘어나는 추세인가?
- 기존 제품의 기능 중에서 사용이 어렵거나 필요 없거나 존재 자체를 알기 어렵거나 하는 등의 이유로 쓰이지 않는 것이 있는가?
- 새로 등장하는 경쟁자들이 거의 없는가?
- 사용이 까다롭거나 특별한 기술이 필요하다는 이유로 방치된 제품이나 서비스는 어디에 가 있는가?

4. 즉각적인 대응책이 존재하는가? 기업의 능력, 자본, 전략목표를 바탕으로 특정 고객층의 요구를 맞추는 일이 가능한가?
- 이 고객층이 이루고자 하는 목적이 기업의 전략목표 안에 들어오는가?
- 당신 회사가 경쟁자들에 비해 특별히 우위를 차지하는 부분은 무엇인가?

고객층을 초점화하는 것이 '나쁜' 일일 경우는 거의 없다. 줄어드는 고객층이라 해도 경쟁자들이 빠져버린다면 큰 수익을 낼 수 있다. 더 중요한 것은 선택된 고객층에 진정으로 최선을 다하는 것이다. 기업의 성공과 실패는 잘못된 고객 선정 때문이 아니라 고객을 위하는 방법에 따라 결정된다.

✔ 고객이 이루려는 두 가지 유형의 목표

코스토베이션의 두 번째 핵심 요소는 고객이 이루고자 하는 목표이다. 고객층이 잘 선정되었다면 아마 고객들이 이루려는 목표, 이를테면 자부심 높이기 등이 고려되었을 것이다. 하지만 고객의 목표 하나만으로 고객층을 결정하는 것은 적절치 않다. 여러 고객층이 공통 목표를 공유할 수 있기 때문이다. 잘못하면 일관성 없이 너무 광범위한 고객층을 겨냥하게 된다.

고객이 이루려는 목표에는 크게 두 가지 유형이 있다. 기능적 목표(장시간 비행 후유증 털어내기)와 정서적 목표(내가 선택한 음식에 만족하기)이다. 코스토베이션 프로젝트를 위해서 둘 다 훌륭한 시작점이 될 수 있다. 캐피텍 은행은 필요한 순간까지 돈을 저축해둔다는 기능적 목표에 집중했다. 그리하여 전통적인 은행 서비스의 복잡한 측면을 다 털어버리고 남아공 국민들에게 가장 단순하고 저렴한 금융 서비스를 제공했다. 다른 한편 에드워드 존스는 마음의 평화라는 정서적 목표를 겨냥해 믿을 만한 자문 전문가를 내세워 고객의 금융 의사결정을 돕도록 했다.

- 캘리포니아의 미용실 체인 드라이바(Drybar)는 드라이만 한다. 커트도, 염색도, 파마도 하지 않는다. 여성 고객들은 40달러 정도의 비용을 지불하고 스스로 아름답다고 느끼며 자신감 있게 매장을 나선다. 정서적 목표가 달성된 것이다. 이런 효과를 높이기 위해 드라이바의 인테리어는 밝은 색이고 대기실에서는 로맨틱 코미디 영화가 상영된다. 거울은 고객이 앉는 의자 뒤에 설치해 드라이 손질이 끝나고 직원이 의자를 돌리면 깜짝 놀라며 감탄하는 순간이 연출되게 했다. 일상적으로 찾는 고객도 있고 특별한 날에만 들르는 고객도 있지만 그 모두가 충분한 대접을 받았다고 느낄 수 있도록 드라이바는 작은 요소 하나에까지 신경 쓴다.
- 피봇데스크(PivotDesk)는 여분의 사무실 공간이 있는 기업이나 부동산 소유주에게 단기 임대 기회를 주는 사무공간 제공 플랫폼이다. 피봇데스크는 전혀 쓸모없던 공간을 금융 소득 창출원으로 바꿔준다.
- 호텔투나잇(Hotel Tonight)은 공실로 남았을 호텔 객실을 채워주는 모바일 여행 앱이다. 마지막 순간에(숙박일 7일 전까지여서 사실 기간은 넉넉하다) 예약하는 고객은 최고 등급 호텔에서 대폭 할인받을 수 있다.

고객이 이루려는 목표 선택하기

1. 목표의 우선순위가 높은가? 이루려는 일이 다 똑같이 중요하지는 않다. 반드시 해야 하는 일이 있고, 할 수 있다면 좋은 일이

있으며, 하면 좋지만 필수는 아닌 일도 있다. 응답자들이 생각하는 목표의 우선순위를 파악할 수 있게 양적 조사를 권한다.

- 해당 목표는 고객들의 우선순위에서 몇 번째인가? 더 중요한 목표가 있는가? 그 목표의 중요도에 영향을 미치는 요소는 무엇인가?
- 목표를 달성하기 위한 현재 능력에 대한 불만은 얼마나 되는가? 불만 정도를 수치로 표시한다면?

2. 충분히 추구할 만한 기회인가? 단일 목표라 해도 여러 특성을 지니고 이로 인해 고객층이 모호하게 넓어질 수 있으므로 시장 크기 분석이 쉽지 않다. 하지만 진행 여부를 결정하려면 어림치라도 시장 크기에 대한 감을 갖고 있어야 한다.

- 목표를 달성하려는 고객 유형은 어떻게 규정되는가? 그들이 만드는 시장은 얼마나 큰가?
- 이 고객 유형을 겨냥한 경쟁자들은 얼마나 되는가? 다른 산업 분야나 다른 제품 생산자 등 잠재적 경쟁자까지 모두 고려하라.

✔ 업계의 아킬레스건을 찾아라

세 번째로 코스토베이션은 재료 조달, 주문 처리, 판매 후 고객 지원 등 비즈니스의 특정 부분에 초점을 맞춰 일어나기도 한다. 베니하나는 주방 업무를 더 단순하고 효율적으로 만드는 데 집중했다. 주방을 사전 준비 공간으로 축소하고 재료수도 줄였다. 기업들은 전략적 목표달성에 가장 중요하다고 생각되는 특정 부분에 우선순위를 두곤 한다.

일부 기업의 경우 관리 운영 담당자들이 이러한 코스토베이션을 시도하기 가장 좋은 위치에 있다. 이때 가능한 한 고객층도 함께 고려하기를 권한다. 기업 운영은 복잡한 일이고 탄탄한 고객 수요를 고려하지 않는 혁신은 어느 틈에 비용절감 프로젝트로 바뀌고 말 우려가 있다.

- 온라인 어린이 옷 판매점 프라이머리닷컴(Primary.com)은 티셔츠처럼 아이가 자라면서 계속 구입해야 하는 기본 의류에 초점을 맞춘다. 이런 기본 의류는 성별에 무관하고 따라서 제품 종수가 절반으로 준다. 제조와 재고관리에서도 효율성을 크게 높일 수 있다.
- 콘크리트는 특수 차량을 통해 운반하고 혼합해 부어야 하는 값비싼 재료이다. 코텍스컴포지트(Cortex Composites)의 두루마리 콘크리트는 그 준비 과정을 대폭 축약했다. 종이 형태의 이 콘크리트는 물에 적시면 단단해진다. 제조시간은 4분의 1로 줄어들고 비용은 30퍼센트 절감된다. 얇은 콘크리트로 충분한 건설 현장(배수구, 운하 바닥, 테라스, 주택 진입로 등)에 이상적인 제품이다.
- 워비파커(Warby Parker)는 비즈니스 모델을 수직적으로 통합함으로써 안경 산업의 파괴자로 대두되었다. 소매업체들에게 의존해 판매망

을 구축하는 대신 우편으로 안경을 배송했고 덕분에 가격을 대폭 낮출 수 있었다.

비즈니스의 특정 부분 선택하기

1. 당신의 산업 분야에서 가장 비싸고 귀찮은 부분은 어디인가? 업계의 아킬레스건을 인식하는 것이 최고의 출발점이다.
- 외부인들이 당신 업계에서 가장 놀라워할 부분은 무엇인가?
- 경쟁자들이 혁신하려고 노력하는 부분이 있다면 어디인가?

2. 고객들이 가장 불편해하는 점은 무엇인가? 한 부분을 개선함으로써 고객이 기업 자체에 감동하게 만들 수 있다.
- 당신의 제품이나 서비스에서 고객들이 가장 불만스러워하는 점은 무엇인가? 이것이 비즈니스의 특정 부분으로 연결되는가?

3. 하나 이상의 기회가 있는 것은 아닌가? 여러 부분을(예를 들어 재고관리와 유통을) 한꺼번에 묶는 것이 더 큰 의미를 갖기도 한다.

4. 회사에서 가장 빨리 혁신할 수 있는 부분은 무엇인가? 정치적,

구조적 이유로 혁신이 어려운 부분이 있고 용이한 부분이 있는 법이다.

5. 업계 바깥으로 시선을 돌려라. 회사 운영에서 혁신이 일어나는 곳이 있는가? 유행처럼 번져가는 혁신도 존재한다. 예를 들어 수직적으로 통합된 전자상거래 모델은 여러 산업 분야를 차례차례 파괴했다. 다른 산업 분야에서 일어나고 있는 상황을 관찰한다면 다가올 변화를 예측할 수 있다.

• 당신 분야와 비슷한 산업들을 살펴보라. 운영과 관련해 일관된 혁신 흐름이 감지되는가?

✔ 고객이 가장 불만스러워하는 점은 무엇인가

네 번째로 주목할 부분은 비즈니스 속성이다. 속도, 일관성, 편리함, 가격, 맞춤화 가능성 등 고객들이 원하는 목표와 결과가 있다. 속성 접근법은 고객이 목표하는 바에 접근하는 것으로 고객 부문에 특히 초점을 두게 된다.

• 캐스퍼(Casper)는 온라인으로 매트리스를 판매한다. 매트리스 세일즈맨에 시달리는 스트레스나 구입한 제품을 배송받기 위해 트럭을 따

로 예약해야 하는 불편함에서 소비자들을 해방시켜주었다. 특정 고객층에게는 무척 편리하고 이상적이다. 반대급부도 있다. 폭신함 정도가 중간으로 맞춰져 있어 선택이 불가능하다. 상대적으로 젊고 취향이 까다롭지 않은 고객층에 맞추어 제품 종류를 복잡하지 않게 구성한 것이 비즈니스 전략이다.

- 자동차보험사 가이코(GEICO)는 보험판매원을 고용하고 교육시키는 전통적인 접근법 대신 소비자와 직접 거래함으로써 저비용 모델을 실현하고 있다. 이제는 유명한 회사가 되었지만 업계 최고 서비스라든지 가장 완벽한 보장범위 같은 과장 광고는 하지 않는다. 그저 저렴한 비용으로 약속한 보장을 틀림없이 지킨다는 점만 내세운다.

- 프레타망제(Pret A Manger)는 바쁜 직장인들이 신속하게 먹을거리를 사갈 수 있는 셀프서비스 카페이다. 오전 시간에 샌드위치와 다른 식사 메뉴를 대량으로 준비해둔다. 고객들은 마치 슈퍼마켓에 간 듯 기다리지 않고 바로 필요한 음식을 구입한다. 반대급부는 맞춤형을 포기한다는 것이다. 프레타망제는 고객의 개별 요구를 들어주지 않는다.

- 벤처캐피털 알트스쿨(Altschool) 네트워크를 통해 새로운 유형의 학교가 탄생했다. 출석점검도, 수업 시작종도, 성적평가도, 교장이나 교사도, 학기도 없는 학교 말이다. 대신 학생들은 태블릿의 소프트웨어 프로그램에 따라 관심사대로 공부한다. 원하는 속도로 과제나 프로젝트를 마치면 다음 단계로 옮겨간다. 학생의 타고난 관심이 가

장 중시되는 맞춤형 교육이다. 교육비는 사립학교에 비해 10~20퍼센트 저렴하다. 관리 업무가 중앙집중식으로 이루어지고 각 학교에 근무하는 직원이 최소화된 덕분이다. 맞춤형 학습이라는 하나의 목표에 초점을 맞추는 한편 이와 직접 관련되지 않는 전통적인 학교의 다른 요소들은 모두 배제되었다.

• 뉴욕 시에서 탄생한 스타트업 프라이어리티 바이시클(Priority Bicycles)은 값싸고 유지보수 걱정 없는 자전거를 만들고자 했다. 자전거의 각 부품별로 내구성을 시험해 분석했다. 가장 고장이 많고 수리가 자주 필요한 핸드 브레이크는 아예 없앴다. 대신 단순한 풋 브레이크를 달았다. 이 자전거는 아무 수리 없이도 여러 해 동안 수천 마일을 달릴 수 있다.

비즈니스 속성 선택하기

1. 당신의 비즈니스에서 부차적이라 여겨졌던 속성에 주목하라. 다른 경쟁자들이 가격과 같은 일반적인 요소에 집중하는 동안 부차적 속성을 통해 차별화할 수 있는 전략을 모색하라.

2. 당신의 제품이나 서비스에서 고객들이 가장 불만스러워하는 점은 무엇인가? 제품의 수명 중 어느 시기에든 그런 문제가 발생할 수 있다. 이를 찾아낸다면 진정한 차별화를 이룰 수 있

는 속성이 드러날 것이다.

3. 고객층에 따라 한 속성이 다양하게 나타난다는 점을 알아야
한다. 고객마다 그 속성이 의미하는 바가 다르다. 시장조사
기법을 활용하여 특정 속성이 언제 얼마만큼 중요한지 판단
하라.

코스토베이션의 네 가지 핵심 요소와 사례

1 대상고객에 초점 맞추기 ▶ 플래닛 피트니스는 적당히 운동하는 평범한 고객을 선택했다. 프리는 통화품질에 대한 기대가 높지 않은 대신 단순하고 저렴한 가격 구조를 원하는 고객을 대상으로 삼는다.

2 고객이 이루려는 목표에 초점 맞추기 ▶ 드라이바는 아름다움과 자신감이라는 정서적 목표에 집중한다. 피봇데스크는 버려져 있던 공간의 쓸모를 찾아주는 사무실 공유 플랫폼이다.

3 비즈니스의 특정 부분에 초점 맞추기 ▶ 베니하나는 주방 업무를 더 단순하고 효율적으로 만드는 데 집중했다. 워비파커는 기존의 안경 유통망을 파괴했다.

4 비즈니스 속성에 초점 맞추기 ▶ 온라인으로 매트리스를 판매하는 캐스퍼는 편리함에 집중했다. 가이코는 가격에 초점을 맞추었다. 프레타망제는 속도를 최우선으로 한다.

끊임없이 우선순위를
결정하는 과정

앞서 언급한 코스토베이션의 네 가지 핵심 요소는 서로 상충되지 않는다. 하나만 선택할 필요는 없다. 여러 개를 함께 추구할 때 더 효과적이기도 하다. 예를 들어 베니하나는 주방 업무를 단순화함과 동시에 요리사들의 쇼맨십으로 가족 모임이나 생일 파티의 흥겨움을 높이고자 했다. 두 방향이 합쳐짐으로써 성공적인 모델이 탄생한 것이다. 한두 개의 초점을 선택했다면 거기 집중하는 것이 중요하다. 초점을 맞춰라. 코스토베이션은 선택의 문제이다.

네 가지 핵심 요소 각각에 무수한 가능성이 존재한다. 그중 어디에 집중해야 할까? 초점을 선택하면서 기억해야 할 내용을 정리해보자. 어디에 집중할지 범위를 좁히려면 전략적 비전을 알아야 한다. 혁신 프로그램을 가동하면서 명확한 목표 없이 그저 '무엇이든 가능한 대로 얻어내겠다'고 생각하는 회사들이 놀랄 정도로 많다. 어디로 가고 싶은지, 거기로 갈 방법을 어떻게 알아낼 것인지는 대단히 중요하다. 전략을 문장으로 명료하게 정리해두면 경로를 이탈하지 않고 갈 수 있다. 장기적 비전과 일관성도 확보될 것이다.

코스토베이션의 초점이 될 수 있는 사항은 다음과 같다.

- 대상 고객층
- 고객이 이루려는 목표
- 비즈니스의 특정 부분
- 요구되는 속성
- 위 네 가지의 결합

전략적 목표를 바탕으로 핵심 요소를 선택하고 이를 북극성 삼아 나아가라. 그러면 선택과 포기라는 어려운 의사결정 상황에서도 방향을 잡을 수 있다.

어떻게 초점을 선택할 것인가

대상고객	• 대상고객에게 탁월한 경험을 제공하는 데 집중한다. • 간과된 고객층이 존재한다. • 인구학적 변화로 인해 향후 늘어날 고객층이 존재한다. • 한꺼번에 공략하고 싶은 고객의 다양한 목표들이 존재한다.
고객의 목표	• 여러 고객층에 걸쳐 제대로 충족되지 못하고 있는 목표를 찾는다. • 대상 고객층은 공략이 정당화될 만큼 충분히 커야 한다.

비즈니스 부분	• 비즈니스나 기업 조직에서 비용이 발생하는 부분을 알아낸다.
	• 전체 구조로 볼 때 혁신했을 때 가장 큰 효과를 발휘하게 될 특정 부분을 찾는다.
비즈니스 속성	• 특정 고객층에 국한되지 않은, 가치 기반 비전에 토대를 둔다.
	• 고객들이 높은 가치를 부여하지만 업계 참여자들이 아직 충분히 자본을 투자하지 않은 속성을 찾아낸다.

경계를 넘어서는
완전히 새로운
비즈니스 모델

혁신은 흔히 제품을 중심으로 일어난다고 생각하지만

이는 혁신 가능성이라는 빙산의 일각일 뿐이다.

무너지기 일보 직전인 벽에 페인트칠만 새로 하고 있는가

2003년, 덴버 시는 테드(Ted)라는 이름만 알려진 수수께끼의 인물 때문에 소란스러웠다. 그 시작은 덴버 시내 병원들에 '테드'라고 서명된 카드가 꽂힌 꽃다발 수백 개가 배달된 일이었다. 이어 후식까지 포함된 식사권이 같은 서명과 함께 많은 이들에게 전달되었다. 얼마 후에는 스포츠 경기장에 낯선 마칭밴드가 등장해 "테드, 파이팅!"을 외쳤다. 궁금증이 점점 커졌다. 덴버 국제공항을 통해 들고 나는 승객들은 인근 농장 풀밭에 커다랗게 쓰인 'TED'라는 글자를 보게 되었다. 덴버의 미식축구팀 브롱코스(Broncos) 경기장에도 파란색과 주황색 '테드' 스티커가 등장했다. "난 테드가 아냐."라고 쓰인 광고판을 몸 앞뒤에 붙인 배우들이 시내를 돌아다니기도 했다. 대체 테드란 누구일까? 무엇 때문에 이런 일들을 벌이는 걸까?

테드는 유나이티드항공(United Airlines)이 사우스웨스트항공(Southwest Airlines)을 비롯한 저가항공사들과 경쟁하기 위해 설립한 새로운 저가

항공 자회사로 밝혀졌다. 테드는 비즈니스의 오래된 전략을 따랐다. 이길 수 없으면 베끼라는 전략 말이다. 테드는 저가항공사들이 동원하는 전략을 모두 차용했다. 단일 등급 좌석에 좌석 간 공간을 좁혔고 무료 기내식도 없앴다. 열둘에서 열네 가지에 이르는 가격 체계를 6단계로 단순화했다. 마이애미, 뉴올리언스, 라스베이거스 같은 휴가지에만 취항하여 모기업 유나이티드항공의 황금 노선과 중복되지 않도록 했다. 그리고 저비용 게릴라 마케팅으로 자신을 홍보했다. 파산 후 절치부심한 유나이티드는 이 새로운 저가항공사에 큰 기대를 걸었다.

하지만 테드의 코스토베이션은 무너지기 일보 직전인 벽에 페인트칠만 새로 한 것처럼 표면적이라는 점이 곧 드러났다. 마케팅 관점에서는 테드라는 새로운 저가 항공편이 유인요소가 될 수 있었지만 비즈니스 과정을 거의 혁신하지 않은 탓에 테드 항공편 운항 비용은 유나이티드 정규편 운항 비용과 별다를 것이 없었다. 유나이티드의 기장과 승무원이 그대로 테드 노선에 투입되었다. 많은 경우 항공기도 동일했다. 테드 항공권은 전통적인 유통망으로 판매되었는데 이는 여전히 유나이티드가 중개수수료를 지불해야 한다는 뜻이었다.

테드는 사우스웨스트항공이 급부상하게 된 혁신적 조치를 모방하고자 했지만 실상은 겉으로 드러나는 표면적 수준으로만 따라 한 셈이었다. 사우스웨스트는 일등석과 지정 좌석만 없앤 것이 아니었다. 승무원들이 화장실을 청소한다든지 화물 처리 담당이 항공기 푸시백(pushback, 항공기를 차량으로 밀어 유도로로 옮기는 것)을 책임지게 한다든지 하는 식으로 노동 생산성을 높였고 한 종의 항공기만 운용해 유지관리 및 교육 비용을 최소화했다. 항공기의 계류장 대기시간을 최소화하는 데 중점을 두기도 했다. 단거리 운항 중심이었던 만큼 지상 대기시간을 줄이는 것은 전체 항공기 사용 효율성에 큰 영향을 미쳤던 것이다.

더욱이 2008년에 항공유 가격이 폭등하면서 테드가 쥐꼬리만큼 줄였던 비용은 빛을 잃었다. 운영 측면의 진정한 혁신이 없는 상황에서 테드는 사우스웨스트의 성공을 재현할 수 없었다. 결국 2009년 초에 테드는 사라졌다. 테드가 그랬듯 매출 측면의 혁신은 등장이 요란하다. 잡지 기사나 TV 인터뷰 등이 동원된다. 고객의 관심을 끄는 것이 성공에 필수적이기 때문이다. 하지만 비용 측면의 혁신, 즉 코스토베이션을 과소평가해서는 안 된다. 코스토베이션은 아무도 눈치채지 못하는 사이에 시장으로 숨어들어 상대를 파괴하는 비밀 병기이다. 경쟁자들이 상황을 깨달았을 때 그들은 코스토베이션을 모방하기가 너무도 어렵다는 점에 경악할 것이다.

2장에서 우리는 시장에 대한 창의적 시선이 어찌하여 코스토베이션의 열쇠가 되는지 살펴보았다. 3장에서는 코스토베이션이 끊임없는 집중을 바탕으로 한다는 점을 조명했다. 4장은 비즈니스 깊숙한 곳에서 일어나는 혁신 기제를 파헤치고 코스토베이션의 기회가 어디에 특히 많은지 점검하는 데 할애하고자 한다.

4장의 내용은 다음과 같다.

- 새로운 제품과 서비스를 내놓는 데 그치지 않는 무수한 혁신의 기회
- 코스토베이션의 기회가 특히 많은 비즈니스의 다섯 부분
- 다수의 동시적 혁신이 조화롭게 일어나게 하는 방법

✔제품 혁신은 빙산의 일각일 뿐이다

많은 기업들이 혁신은 결과물과 관련된다고 생각한다. 혁신을 위한 노력은 새로운 메뉴나 차세대 자동차 모델 등 우리가 보거나 만질 수 있는 멋진 신제품의 모습으로 나타난다고 여기는 것이다. 하지만 애석하게도 이들 신제품 대부분은 기업의 성장 궤도를 바꿔주지 못한다. 컨설팅 기업 닐슨(Nielsen)에 따르면 새로운 소비자 상품 100개 중에서 85개는 결국 실패한다.[2]

'혁신'이라고 할 때 우리가 떠올리는 종류는 빙산의 일각일 뿐이다. 이 장의 목표는 빙산의 나머지 부분을 드러내는 것이다. 수면 아래에는 운영 혁신이라는 엄청난 가능성이 존재한다. 기업 수익에 크고 지속적인 영향을 미칠 수 있는 종류의 혁신이다.

스타벅스(Starbucks)를 떠올려보자. 스타벅스는 전통적인 매장 중심 산업에서도 구매 경험의 채널이 다양화될 수 있음을 보여준 선구자이다. 2014년 오리건주 포틀랜드에서 시험운영된 후 9개월 만에 미 전역으로 확대된 모바일 주문결제 방식은 고객과 기업 모두에게 이익이 되었다. 고객들은 스타벅스 앱을 사용해 휴대전화로 음료를 사전 주문하

고 결제했다. 그리고 몇 분 후 매장으로 들어가 줄 설 필요 없이 바로 음료를 받아 나올 수 있었다. 바쁜 아침 출근길의 귀중한 시간이 절약되는 동시에 예측 가능한 반복적 업무 과정이 자동화되었다.

스타벅스 입장에서는 장점이 더욱 많았다. 모바일 주문은 직원들이 계산대 앞에 서는 시간을 줄여 음료를 만드는 일, 즉 비즈니스의 진짜 수익이 창출되는 부분을 늘려주었다. 동시에 고객 응대에 여유가 생겼다. 대기줄이 짧아지면서 전에는 기다릴 엄두를 내지 못했던 고객들이 매장으로 들어온 것이다. 모바일 주문은 한 매장의 1분당 처리 건수를 늘렸고 매장마다 생산성이 늘어났다.[3] 스타벅스 앱 결제는 선결제 카드 같은 역할을 하여 단골 고객도 늘려주었다.

다른 기업들과 마찬가지로 스타벅스는 제품 측면의 혁신가이기도 하다. 스타벅스에서 살 수 있는 음료 조합은 무려 8만 7000가지에 달한다. 하지만 모바일 주문은 매장 내 역학을 뒤바꾼 더욱 심오한 혁신이었다. 주문하고 결제하는 방식을 새롭게 바꿈으로써 고객이 스타벅스와 상호작용하는 방식 또한 변화했다. 이러한 운영 측면의 혁신이 가져온 효과는 수치로 증명된다. 모바일 주문결제는 겨우 1년 만에 미국 내 스타벅스 매장 전체 주문의 7퍼센트를 차지하게 되었고 피크 시간대에 모바일 주문 비율이 20퍼센트 이상인 매장이 1200개를 넘어섰다.[4] 2017년 봄, 스타벅스는 시애틀 본사에서 모바일 사전 주문만 가능한 매장을 시험운영한다고 발표했다.

이 외에도 다음과 같은 운영 혁신 사례가 있다.

- 항공사들의 코드 셰어 협약: 여분의 좌석을 다른 항공사에 판매함으로써 빈 좌석과 운영비용을 줄일 수 있다. 이미 40여 년 전부터 시작된 항공사들의 코드 셰어는 오늘날 공유경제 열풍의 선구자 격이다.
- 비(非)입원 수술 센터: 여러 날 입원할 필요 없이 당일 외래로 수술을 받고 귀가할 수 있는 수술 센터는 20세기 말부터 급증하기 시작했다. 환자들은 저렴한 가격에 좋은 진료를 받게 되어 만족한다. 응급실 등의 고비용 시설을 없애고 수익성 높은 수술 서비스에 집중함으로써 가능해진 결과이다.
- 패스트푸드 식당의 드라이브스루: 차를 탄 채 몇 분 만에 먹을 것을 구입할 수 있는 편리함이 강점이다. 식당 입장에서는 신속한 고객 회전과 객장 공간 절약이라는 효과를 얻는다.

제품 혁신인가,
운영 혁신인가

코스토베이션의 다섯 영역

전통적인 제품 중심 혁신에서 마케팅이나 연구개발팀은 아이디어를 내고 관리운영팀은 이를 실행한다. 하지만 코스토베이션 상황이라면 관리운영팀이 진정한 혁신 주체가 될 수 있다. 기업을 키워가면서 수면 위의 가시적 영역뿐 아니라 물 아래 빙산까지 혁신 아이디어를 적용할 방법을 찾아보라. 비즈니스의 모든 부분이 혁신의 토대가 될 수 있다.

코스트코의 대량구매 할인판매

혁신의 가장 일반적인 해석은 제품이나 서비스에 새로운 무언가를 도입하는 것이다. 제품 혁신은 즉각 눈에 띄고 고객과 주주들의 마음을 사로잡기 좋다. 모방하기에도 가장 쉽다. 제품 자체의 코스토베이션은 여러 형태로 나타날 수 있다. 가장 일반적인 것은 단순화(특정 고객층 수요를 겨냥하는 경우가 많다)와 기술적 진보(신기술을 통해 전에는 불가능했던 고객 욕구를 충족하는 일)이다.

코스트코(Costco) 이전까지 대량구매에 따른 할인은 기업 고객들만이 누릴 수 있는 특권이었다. 한 번에 화장지를 한 트럭씩 구입하는 식으로 말이다. 소매 유통에서 코스트코의 기여는 소규모 사업자, 대가족, 그밖에 일정한 연간회비를 납부할 의사가 있는 누구든 대량구매를 할 수 있도록 만든 것이다. 이전까지 시도된 적 없는 새로운 비즈니스 모델이었다.

비즈니스의 지속가능성을 확보하기 위해 코스트코는 선택의 폭을 줄였다. 그 덕분에 재고관리와 상품 조달이 단순해졌다. 다른 곳에서 접할 수 없는 소량 묶음 형태가 만들어지자 제조업체들은 소비자들이 가격을 비교하며 항의할 상황을 걱정할 필요 없이 납품가를 낮출 수 있었다. 그리하여 코스트코는 가게를 운영하는 고객들이 만족할 만큼 낮은 가격을 실현했다. 코스토베이션의 훌륭한 사례이다.

트레이더조의 자체 기획 상품

제조와 조립의 세부 과정으로 들어가보자. 이 영역에서의 코스토베이션은 기업들이 제품을 만드는 방식을 크게 개선하도록 한다. 더 빨리, 더 값싸게, 더 유연하게, 더 맞춤형으로 생산이 가능해진다. 지연 전략(맞춤화를 가능한 한 뒤쪽으로 미룸으로써 더 효율적인 맞춤화를 이루는 것), 모듈화(모듈 단위로 작업해 시간을 줄이는 것), 외부 혁신(기업들이 협업하여 새로운 것을 창조하는 것)이 여기 해당한다. 공장 재설계, 최종 제품에 끼워 넣는 방식의 인터로킹 부품, 새로운 제조기술 등도 함께 포함된다.

트레이더조(Trader Joe's)는 저렴한 가격과 은근한 유머감각으로 유명하다. 하지만 고객을 단골로 만드는 비결은 다른 어디서도 사지 못하는 자체 기획 상품에 있다. 트레이더조 내부 인력이 개발한 것도 있지만 제조업체 및 공급업체와 협력해 나오는 상품도 아주 많다. 이런 식으로 트레이더조는 연구개발비를 절약하는 한편 협력업체의 창조력이나 마케팅 통찰력은 강화된다. 공급업체가 주도하는 혁신은 그 속도가 빠르고 비용 효율성도 높기 때문에 트레이더조는 속도 면에서도 우위를 점할 수 있다.[5]

창고 없는 웨이페어

코스토베이션이 가능한 다음 영역은 제품이 움직이는 방식에 있다. 여기에는 유통망 시스템부터 교통수단의 개선까지 모든 부분이 포함된다. 이러한 코스토베이션은 현재 방식의 개선(기술이나 협력 파트너를 통한 지렛대 효과 등), 현재 방식의 근본적 변화(유통 단계의 대폭 개선 등), 미래의 대량 물류 흐름을 선도하는 행동계획(고유한 제약 요소를 극복하기 위해 설계된 유통 시스템과 신흥시장의 초과밀 대도시 인프라 등) 등 세 가지로 요약된다.

웨이페어(Wayfair)는 2017년에 43억 달러 이상의 매출을 올린 전자상거래 가구 판매업체이다. 가구는 무거운 제품이지만 이 회사는 대단히 가벼운 비즈니스 모델을 만들었다. 오버스톡(Overstock)이나 아마존 같은 다른 온라인 판매업체들과 달리 웨이페어는 가구를 만질 일이 거의 없다. 각지에 분포한 물류센터도, 소파나 침대 프레임이 가득 쌓인 창고도 없다. 대신 웹사이트를 운영한다. 방, 가구 종류, 색상, 생애주기 단계(성인, 십 대, 어린이 등) 등 성별, 관리 편이성(세탁기에 넣을 수 있는 침구, 드라이클리닝 전용 침구 등)에 따라 체계적으로 구성된 사용자 친화형의 멋진 웹사이트이다. 웹사이트에서 주문결제가 이뤄지면 고객에게 물건을 배송하는 역할은 제조업체들이 맡는다.

소매업체들의 유동자본을 가장 크게 잡아먹는 것이 재고관리인 만큼 이를 최소화한 웨이페어는 무서운 속도로 성장할 수 있었다. 유럽 시장에서조차 말이다. 가구회사의 유통 시스템을 완전히 새로이 바꿔놓은 혁신이었다.

인도치노의 출장 재단사

제품을 판매하는 방식에서의 혁신도 간과해서는 안 된다. 앞선 세 가지 영역과 달리 판매과정은 기본적으로 고객과 대면해 일어나는 행동이다. 이는 고객의 전체 경험에서 핵심을 이루는 부분이고 고객이 당신 기업이나 제품명을 접하는 첫 순간이기도 하다. 이 영역의 코스토베이션은 새로운 결제방식, 가격결정 모델의 혁신, 영업인력의 새로운 활용을 아우른다. 구매과정 전반에 걸쳐 고객이 브랜드와 상호작용 하는 새로운 방식도 포함할 수 있다.

인도치노(Indochino)는 맞춤 양복을 50퍼센트 할인된 가격으로 판매한다. 몸 치수를 재고 주문하는 과정을 온라인에서 해결한 덕분이다. 매장이나 창고의 부담을 없앰으로써 인도치노는 전통적인 양복 산업의 고정비를 덜어냈다. 종일 매장을 지키면서 손님이 찾아오기를 기다리는 직원을 두는 대신 인도치노는 미국 주요 도시에 한 회 몇 주 동안 출장 재단사 몇 명을 파견한다. 고객들은 출장 재단사와 약속을 잡아 15분 동안 치수를 재면 된다. 혹은 온라인의 상세한 단계별 안내에 따라 직접 자기 치수를 재는 방법도 있다.

인도치노의 창의적인 맞춤양복 산업은 처음으로 양복을 구입하는 젊은 남성들에게 특히 환영받았다. 인도치노는 전통적인 맞춤양복에 반드시 들어갔던 가봉 단계를 생략해 정교한 치수 조정은 못 하게 되었지만 엄청난 비용을 절약할 수 있었다.

피앤지로 들어간 아마존

'우리 대(對) 그들'이라는 적대 구도를 가정하는 기업들이 많긴 하지만 단독으로 운영되는 비즈니스란 없다. 공급자, 판매자, 기타 파트너들은 풍부하고 생동감 있는 네트워크를 구성하기 마련이다. 그 관계의 각 참여자 모두가 자산 공유와 같은 공생관계의 가능성을 지닌다. 판매자와 파트너가 강해지면 당신의 회사 역시 발전한다.

파트너십의 속성으로 인해 생태계를 강화하는 코스토베이션은 이끌어내기가 더 어려울 수도 있다. 하지만 이는 산업계에 가장 큰 효과를 미치고 네트워크 전반에 파장을 만든다. 한두 개 파트너십에서 시작하라. 거기서부터 만들어가면 된다. 페이퍼 타올이나 기저귀 등 부피 큰 일상용품을 구입할 때는 운송비가 주된 문제이다. 2010년 아마존은 미국 펜실베이니아 소재 피앤지(P&G) 물류창고에 들어감으로써 해결책을 찾았다. 주문이 들어오면 창고 선반에서 꺼낸 제품이 바로 아마존 직원 손으로 들어와 포장과 발송이 이루어졌다. 운송 시간이 줄어들고 피앤지의 배송비도 낮아졌다. 아마존은 부피가 크고 저렴한 제품들이 자사 물류 창고의 귀중한 공간을 잡아먹지 않게 되어 이익이었다.

파트너들과의 생태계를 키워나감으로써 아마존은 예상치 못했던 시너지를 발견한 셈이었다. 현재 아마존은 전 세계 피앤지 물류센터 여섯 군데에서 동일한 모델을 채택하고 있다. 세븐스제너레이션(Seventh

Generation), 킴벌리클라크(Kimberly-Clark), 조지아퍼시픽(Georgia-Pacific) 등 다른 제조업체들과도 물류 협력을 이루어나가는 중이다.

쉽게 모방하기 어려운
비즈니스 모델의 탄생

한 영역이 아니라 여러 영역에서 동시에 혁신을 이루어가는 몇몇 기업들은 새로운 해결책을 선보이고 있다. 프랑스의 인기 있는 식료품 소매상 피카르(Picard)의 사례를 보자. 여기서는 냉동식품만 판매한다. 냉동식품이라고 하면 맛이 떨어진다고 생각하기 쉽지만 피카르의 제품들은 바스크치킨, 채소 타르틴, 값비싼 곰보버섯을 곁들인 소시지 등 고급 요리이다. 손쉽게 저녁 만찬을 준비하거나 신속하게 우아한 느낌의 점심 식탁을 차릴 수 있게 도와준다. 요리를 하기도 어렵고 나가서 먹기도 힘들 만큼 지쳤을 때 든든한 한 끼를 해결할 수 있다. 평범한 냉동피자보다는 가격이 높지만 피카르가 경쟁 대상으로 삼은 레스토랑과 같은 곳에서 동일한 음식을 주문할 때보다는 훨씬 저렴하다. 2014년 프랑스 소비자들은 가장 선호하는 브랜드로 피카르를 꼽았다.[7] 수많은 기업들이 경쟁하는 식료품 분야에서 말이다.

피카르의 음식은 매력적이지만 그 외의 모든 요소는 놀라울 정도로 단순하다. 매장은 부동산 비용을 절약하기 위해서 협소하다. 진열대 사이 통로가 하나나 두 개밖에 안 될 정도여서 매장에 필요한 직원수가 몇 명에 불과하고 인건비가 대폭 줄어든다. 매장 안의 제품 종류도 아주 적어(400개 정도로 월마트의 15만 개와 비교가 되지 않는다) 재고관리가 단순하다. 냉동식품만을 취급하니 보관 중 폐기되는 제품이 적고 포장도 운송에 최적화되어 있다. 유통 과정에서 낭비되는 돈이 거의 없다는 뜻이다.

피카르의 비즈니스 모델에는 얼마나 많은 혁신 요소가 들어가 있을까? 최소한 네 개다.

1. **제품:** 피카르는 냉동식품만 판매한다. 덕분에 관리해야 할 제품수가 확 줄어든다.
2. **생산:** 모든 제품은 자체 브랜드 제품이다. 유통 브로커, 브랜드 관리 등에 비용을 쓸 필요가 없다.
3. **물류:** 하루 두 차례 매장으로 제품이 배송되므로 창고 공간이 필요 없다. 더 많은 매장 공간이 고객 대면 용도로 활용된다.
4. **판매:** 피카르는 도심 지역에 소형 매장을 운영한다. 직원은 적게 고용하면서 고객들이 쉽게 매장을 찾게 하는 방법이다.

이러한 혁신의 결과 식료품 업계처럼 경쟁이 치열하고 가차 없는 곳에서 대단히 가치가 크면서도 쉽게 모방하기 어려운 비즈니스 모델이 탄생했다. 여러 혁신을 겹겹이 이루면서 피카르는 이전까지 충족되지 못했던 편리성과 품질의 조합을 제공했고 새로 만들어진 가치 덕분에 나름의 가격 기준을 유지하며 가격 경쟁을 피할 수 있었다.

비즈니스의 다양한 영역에 걸친 혁신은 단일 혁신보다 훨씬 실행하기 어려울 수 있다. 하지만 반대로 생각하면 생산라인뿐 아니라 전체 활동 영역에서 비즈니스를 새로이 정비할 기회를 열어준다.

✔️ 혁신이 조직 전체에 퍼져나가게 하려면

케냐의 교육은 두 극단을 보여준다. 공립학교는 학생이 넘쳐나고 교사가 부족하다. 자녀가 계속 학교에 다닐 수 있도록 뇌물을 쓰는 부모들이 많아 학생 선발이나 운영에서 자유를 누리기 어렵다.[8] 교사들은 나태하고 수업을 빼먹기 일쑤이다. 반면 사립학교는 연간 교육비가 수만 달러에 이른다. 월평균 수입이 76달러에 불과한 나라에서는 어마어마한 액수이다.[9]

이제 막 10주년이 된 브리지 국제 아카데미(Bridge International Academies)는 비효율적인 공립학교와 값비싼 사립학교 사이에서 제삼의 대안을 만들었다. 월 6달러라는 놀랄 만한 수업료로 운영되는 사립학교 체인이 그것이다.

질 좋은 사립학교 교육을 월 6달러에 받을 수 있다는 건 어느 교육 시장에서든 열풍을 일으킬 만하다. 브리지 아카데미는 교육비를 혁신적으로 낮춘다는 단일 목표를 설정하고 이를 실현하기 위해 매우 창의적인 방법을 동원했다. 교사들의 시간을 가장 많이 잡아먹는 것은 수업 계획이다. 브리지 아카데미에서 교과과정을 개발하고 수업을 짜는 일은 보스턴 본부가 맡는다. 케냐의 교사들은 태블릿의 도움을 받아 진행만 하면 된다. 인건비 절약을 위해 브리지 아카데미에는 한 곳당 행정 직원을 단 한 명만 두며 그 직원은 중앙 클라우드 서버와 연결된 스마트폰을 사용해 학교 일을 처리한다. 학교 건물은 세 종류 디자인 중 하나를 선택하는 방식으로 한 달이면 완성된다. 빈곤 가정 출신 학생에게는 월 6달러의 학비도 부담이지만 다른 대안들에 비해 확실히 가치가 높다.

브리지 아카데미는 일회성 학교로 여겨질 수 있지만 실상은 전혀 그렇지 않다. 유치원과 초등학교 520곳 이상을 운영하며 매일 아프리카와 아시아 어린이들 10만 명 이상이 수업을 듣는다. 2008년 설립 이래 빌 게이츠, 챈 저커버그 이니셔티브, 이베이 창립자 피에르 오미디어 같은 투자자들에게 수억 달러를 받고 있다.

이 사례를 코스토베이션의 핵심 특징 세 가지로 나눠 살펴보자.

학교에 대한 전통적인 믿음 파괴(돌파구를 찾는 시선)

브리지 아카데미의 코스토베이션은 당연하다 여기던 학교의 전통적 모습에 질문을 던지는 과감함에서 시작되었다. 4학년 교실에서 분수를 가르치기 위해 교사들이 매주 수업 계획을 세우게 하지 않고 전 세계 수업을 표준화했다. 학생들 손에 태블릿을 들리는 대신 이를 교사에게만 제공해 성실하고 질 높은 수업을 유도했다. 각 학교의 행정 업무를 효율화하는 대신 모든 업무를 본부에서 처리하는 시스템을 구축했다. 각 단계에서 브리지 아카데미는 학교가 어떻게 운영되어야 하는지에 대한 기존 믿음을 파괴했다.

대폭 낮춘 교육 비용(끊임없는 집중)

가난한 학생들을 위한 고품질 교육 제공이라는 사명을 다하기 위해 브리지 아카데미 설립자들은 학교교육 비용을 대폭 낮추는 새로운 비즈니스 모델 개발에 집중했다. 학교 행정기능의 집중화, 커리큘럼 표준화, 저렴한 재료의 교사 건축이 그 방법으로 선택되었다.

완전히 새로운 비즈니스 모델(경계 넘어서기)

브리지 아카데미는 과거에 가르치던 내용이 아닌, 현재 가르치는 방식을 개혁했다. 그 과정에서 학교 운영도 새로이 했다. 수업료 걷는 방식도 바꿔 현금이나 수표 등 도난 가능성이 있는 지불 수단 대신 학부모들이 모바일 폰으로 돈을 보내게 했다. 이는 제품 혁신을 넘어서 비즈니스 전반을 혁신하는, 그리하여 그 과정에서 완전히 새로운 비즈니스 모델을 탄생시킨 좋은 사례이다.

혁신은 과학자들 혹은 '혁신'을 내세우는 극소수의 인물들만을 위한 것이 아니다. 조직 전체에 퍼져나갈 수 있는 사명이다. 제품 혁신에만 매달리는 기업은 제품 뒤에 숨은 과정에서 성과를 얻어낼 기회를 놓치고 만다. 경쟁자들이 보지 못하는 부분을 혁신할 기회 또한 사라진다. 혁신은 흔히 제품을 중심으로 일어난다고 생각하지만 이는 혁신 가능성이라는 빙산의 일각일 뿐이다. 운영 면의 혁신으로 시선을 돌려라. 수익에 큰 도움이 되면서 모방을 차단하는 두 가지 효과를 거둘 수 있다.

코스토베이션의 잠재력이 특히 큰 다음의 다섯 가지 분야를 검토해보라.

1. 제품과 서비스
2. 제품을 만드는 방식(새로운 제조 방법이나 원료 조달 방법 등)
3. 제품을 전달하는 방식(물류, 배송, 창고 관리의 새로운 접근법 등)
4. 제품을 판매하는 방식(판매 전략과 가격결정 모델의 새로운 해석 등)
5. 업계 생태계와의 파트너십(가치사슬을 강화해 궁극적으로 비즈니스를 탄탄하게 만들 방법 찾기 등)

비즈니스 전반에 걸쳐 동시에 다중적인 혁신을 이뤄내고 있는 기업들이 있다. 이러한 혁신은 실현하기 쉽지 않지만 그 효과나 차별화 정도가 대단히 크다. 이제 당신과 당신 기업이 시도할 수 있는 구체적인 코스토베이션 전략을 살펴볼 차례이다. 다음 장에 소개되는 스무 가지 전략을 통해 남들이 어떻게 코스토베이션을 이루어냈는지, 당신은 어떻게 해내면 좋을지 알아보도록 하자.

코스토베이션
전략과 전술 20

코스토베이션 시나리오에 온 것을 환영한다.
시나리오는 이 책의 아이디어를 행동으로 옮기기 위한 안내 역할을 할 것이다.

제품과 서비스

대부분의 사람들이 제일 먼저 혁신하는 부분부터 시작하자. 제품과 서비스는 물리적

으로 진열되는 종류이든 메일로 발송되는 종류이든 간에 눈에 가장 잘 보이는 부분

이다. 제품과 서비스 중 가장 중요한 부분에 초점을 맞춘, 더 적게 들여 훨씬 더 많

이 제공하도록 한 네 가지 코스토베이션 전략을 소개하겠다.

전략 1 중요한 특징에만 초점을 맞춰라
: 제품 단순화

칠레는 여러 면에서 남미의 모범이 되는 나라이다. 일인당 수입이 가장 높고 남미에서는 유일한 OECD 가입국이다. 하지만 칠레의 시골에서는 여전히 저렴한 식료품을 구입하기가 힘들다. 슈퍼마켓은 수가 적고 멀리 떨어져 있다. 동네 가게는 물건값이 비싸다. 대량으로 물건을 살 수 없는 가난한 칠레인들은 최대 40퍼센트 비싼 가격으로 소포장 제품을 사야 한다.

칠레의 빈곤율이 22. 2퍼센트에 이르던 2011년, 칠레 대학생 호세 마뉴엘 모예르와 세 친구는 산티아고 외곽으로 이사하면서 저렴한 식료품이 부족한 상황을 직접 목격했다.[1] 그리고 쌀, 콩, 설탕 같은 기본 식품을 자판기로 판매하는 회사 알그라모(Algramo)를 세웠다. 고객들은 식품을 그램 단위로(회사 이름도 여기서 나왔다) 구입하는데 반복해서 쓸 수 있는 포장 용기를 사용한다.

알그라모는 믿기 어려울 정도의 단순한 저비용 모델이지만 고객 수요를 정확히 겨냥했다. 일상적으로 필요하고 상하지 않는 식품 몇 가지만 판매하다 보니 전통적인 슈퍼마켓에 비해 가격을 30~40퍼센트 낮출 수 있었다. 유통기한이 지난 재고나 과다 주문 문제도 별로 없다. 자판기 공간을 확보하고 지역 소상인들의 도움을 얻기 위해 알그라모는 상점 안에 자판기를 무료로 설치한 후 수입을 점주와 50:50으로 나눈다. 오늘날 알그라모가 설치한 자판기는 475개를 넘었고 콜롬비아에까지 진출했다.

비즈니스의 자연스러운 전개 방향은 추가하고 덧붙이는 것이다. 집 안의 먼지가 그렇듯 제품과 서비스의 기능도 점점 쌓이게 된다. 하지만 고객에게 가장 중요한 점을 중심으로 제품과 서비스를 단순화하고 고객이 기꺼이 포기할 수 있는 것은 빼버리는 데 코스토베이션의 기회가 있다. 알그라모는 5만 5000명 이상의 남미 빈곤 지역 주민들에게 기본 식품을 저렴하게 제공하기 위해 마케팅, 멋진 포장, 선택의 기회를 생략했다.

제품 단순화를 통한 코스토베이션은 다양한 형태를 띨 수 있다. 영국에서 가장 빨리 성장하고 있는 패스트패션업체 프라이마크(Primark)는 몇 가지 합성소재 원단으로 자체상표 제품을 만들고 재주문을 없애는 방식으로 코스토베이션을 이루었다. 프라이마크 매장을 둘러보면 사용된 원단이 몇 종류 안 된다는 것을 알 수 있다. 온갖 스타일이 현란하게 등장해 선택의 여지가 많은 듯한 효과를 주기는 하지만 말이다. 한 제품이 품절되면 그것으로 끝이다. 다시 만드는 일은 없다. 이렇게 하여 프라이마크는 의류 제품 한 점당 평균 4파운드라는 놀라운 가격을 현실화했고 매장별로 재고를 다 소진하기까지 불과 6주가 걸린다(2011년 의류업계의 재고소진 기간은 아무리 짧아도 3개월 이상이었다).[2]

프라이마크는 속도와 가격 관리에 집중한다. 이 두 가지는 목표 고객이 가장 중시하는 요소이다. 속도와 가격 면에서 충분히 탁월하기에 고객들은 선택의 폭, 소재, 온라인 판매 등 다른 요소를 기꺼이 포기한다.

새로운 제품 개발 전략으로서 단순화는 더 완벽한 결과물을 높은 가격에 제공하기 위한 경쟁이 벌어지는 상황에 적합하다. 이때 코스토베이션은 파괴적 혁신의 도구가 될 수 있다. 더 단순하되 원하는 바를 정확하게 겨냥하는 제품에 만족하는 고객층을 공략하는 것이다. 이 고객들은 무시되고 있기 십상이다. 이 전략은 신흥시장에서 확장을 꾀할 때도 유용하다.

코스토베이션 특성: 프라이마크

돌파구를 찾는 시선

품절을 두려워하는 대신 프라이마크는 품절을 핵심 모델의 일부로 포용했다. 다 팔리면 그것으로 끝이다.

끊임없는 집중

프라이마크는 가능한 한 신속하게 저렴한 의류를 시장에 제공하는 것에 집중했고 이를 위해 다른 부분은 포기했다.

경계를 넘어서는 혁신

프라이마크 옷은 물론 최신 유행을 보여준다. 하지만 진정한 혁신은 한정된 원단에서 다양한 선택이 가능하게 한 단순한 비즈니스 모델에서 온다.

미숙아를 위한 저가의 휴대용 인큐베이터를 생산하는 임브레이스(Embrace)는 22개 개발도상국에 진출했다. 이 회사의 인큐베이터는 기존의 제품에 비해 100분의 1 가격이고 시골 사람들은 몇 주 동안 값비싼 입원료를 지불하는 대신 아이를 이 인큐베이터에 넣어 집으로 데려간다.

- 지속적으로 자기 제품과 서비스를 평가하고 애초의 목표가 달성되고 있는지 점검하는 활동은 어느 기업에든 유익하다. 제품과 서비스가 점점 더 복잡해지는 상황을 피하려면 정기적으로 이런 활동이 필요하다.

- 코스토베이션은 비용을 낮추기 위해 무조건 잘라내고 없애는 것이 아니다. 이 유형의 혁신에서 핵심은 고객에게 새로운 무언가를 만드는 데 있다. 고객 중심 태도를 유지한다면 제대로 해내기가 더 쉽다. 당신이 계획하는 변화가 고객에게 새로운 가치를 전달하는지 계속 자문해보라.

실행하기

- 비즈니스와 제품에서 중요한 특징 목록을 만들어라. 가능한 한 상세하게 만들라. 다음으로는 전략적 핵심 요소라 생각되는 몇 가지를 뽑아내라. 그게 빠지면 더 이상 고객에게 해결책

이 되지 않는 것은 무엇인가? 마지막으로 남은 것들(있으면 좋은 것들)을 하나씩 검토하라. 일부를 포기할 준비를 하라.

- 대상고객을 정하고 고객이 이루고자 하는 목표를 목록으로 만들라. 열다섯에서 스무 가지를 뽑아내라. 고객이 가장 중시하는 다섯 가지에 동그라미를 쳐라. 나머지는 지워라. 그 다섯 가지 목표를 더 잘 달성할 방법이 무엇인지 생각하라.

전략 2 더 저렴한 가격으로 더 탁월하게
: 신기술 적용

  자율주행차는 투자자들의 상상력을 사로잡고 전 세계의 관심을 끌고 있다. 하지만 캘리포니아 해안에서는 자율항해가 이미 현실화되었다. 세일드론(Saildrone)은 서핑보드처럼 보이는 판 위에 금속 돛이 높이 올라앉은 모습이다. 몇 주 동안 대양에서 무인으로 작동 가능하다. 수송용이 아니라 데이터 수집 용도이다. 세계를 돌면서 대양의 온도, 물고기 마릿수, 빙하가 녹는 지역의 염도, 대양 바닥의 지형 등을 조사한다. 수집된 데이터는 인공위성을 통해 수천 마일 떨어진 미 국립해양대기국(NOAA)의 과학자들에게 전송된다.

  세일드론이 등장하기 전까지 과학 데이터 수집은 느리고 힘든 일이었다. 연구 장비를 완벽하게 갖춘 탐사선을 운용하려면 하루에 8만 달러씩 비용이 들었다. 바다 위에 정지 부표를 띄운다 해도 정기적으로 다시 가서 조정하고 복구하는 작업을 해야 했다. 이에 비해 자동화된 세일드론에 들어가는 하루 비용은 2500달러에 불과하다.[3]

세일드론을 만든 것은 비행기 날개처럼 작동하는 탄소섬유 돛, 본부로 정보를 전송하는 위성 기술, GPS를 통한 자동 항행 프로그래밍과 같은 최신 기술이다. 기술 기반의 코스토베이션 덕분에 과학자들도 낮은 가격에 대양 정보를 얻게 되었지만 고객 요구 역시 그 어느 때보다 잘 충족되는 결과가 나타났다. 과학자들은 자동 보트를 신속하게 내보내고 대양 환경 변화나 발견 결과에 맞춰 정보수집 유형을 유연하게 조정한다. 대양 곳곳에 배치된 로봇 센서 군단은 기상현상이나 기후변화에 대해 더 광범위한 실시간 정보를 제공하고 이는 기상예보, 석유가스 기업 운영, 불법조업 감시 등을 도와준다.

코스토베이션 특성: 세일드론		
돌파구를 찾는 시선	끊임없는 집중	경계를 넘어서는 혁신
자율주행 기술은 대양에도 적용 가능하다. 또한 반드시 운송 목적이어야 하는 것은 아니다.	세일드론은 속도나 운송 기능이 아닌, 정확한 데이터 수집에 집중했다.	세일드론은 기술 진보를 신제품과 결합해 기존 과학 탐사 비용의 단 3퍼센트에 불과한 경이적 수준에 도달했다.

세일드론 외에도 기술 진보를 통한 업계 통합적 코스토베이션 사례는 계속 늘어나고 있다. 칸 아카데미(Khan Academy)는 유튜브 동영상으로 누구나 원할 때 무료로 무엇이든 배울 수 있는 교육 민주화를 이루

었다. 2017년 미국 매사추세츠 공과대학(MIT) 연구진은 상자에서 꺼낼 때는 동전처럼 납작하지만 물에 들어가면 여러 모양으로 바뀌는 파스타 시제품을 개발했다. 이러한 기술 덕분에 파스타를 더 작은 상자에 포장할 수 있게 됐고 운송 및 판매비도 대폭 줄었다.[4]

기술은 점점 더 빠른 속도로 코스토베이션을 가능케 한다. 이미 전 산업 분야와 비즈니스 모델에서 기술 혁신이 목격된다. 당신과 경쟁자가 기술을 바탕으로 어떻게 산업을 바꿔놓을 수 있을지 열린 마음으로 접근해야 한다.

- 전에는 불가능했을 코스토베이션을 가능하게 만들어주는 기술 혁신(모양이 바뀌는 MIT 파스타)을 늘 염두에 두라. 동시에 어떻게 익숙한 기술을 다른 분야에 적용할 수 있을지(유튜브를 교육과 연결하는 칸 아카데미)도 생각하라.
- 이 장에서 소개되는 코스토베이션 전략들은 상호 배타적이지 않다. 기술 진보가 어떻게 다른 전략들과 합쳐져 전례 없는 제품과 서비스를 만들어낼 수 있을지 고민하라.

실행하기

- 최신 기술 발전 동향을 살피면서 가격을 낮추고 고객만족을 높일 잠재력이 무엇일지 고민하라. 기술에 힘입어 당신이 훨

씬 더 잘 해낼 수 있는 부분은 무엇인가? 반대급부는 무엇인가? 반대급부를 받아들이면서 새로운 변화를 환영하게 될 고객층은 누구인가?

• 당신이 속한 산업 분야 바깥의 기술 혁신을 살펴라. 누구보다도 먼저 그 성과를 적용할 방법이 있는가?

전략 3 진정으로 마음을 사로잡는 고객 경험을 만들려면
: 제작 과정과 고객 경험의 결합

1997년, 장난감 회사 빌드어베어워크숍(Build-A-Bear Workshop)은 획기적인 비즈니스 모델을 도입했다. 개당 60달러라는 비용을 지불하면 자기만의 봉제인형을 만들 수 있는 모델이었다. 설립자 맥신 클라크(Maxine Clark)의 제안에 쇼핑센터 경영진들은 의혹의 눈길을 보냈다. 우리 쇼핑센터 공간을 빌려 아이들 난장판을 만들겠다고? 하지만 새로운 방식이 대대적인 인기를 끌기까지는 그리 오래 걸리지 않았다. 문밖까지 대기줄이 늘어섰고 쇼핑센터마다 빌드어베어워크숍 입점 요구가 빗발쳤으며 불과 몇 년 만에 회사는 투자자들을 돌려보내야 할 지경에 이르렀다. 원하는 모양으로 원하는 소리를 내는 자기만의 봉제인형을 만들 수 있다는 것, 직접 발로 밟아 공기를 빼가며 인형 속을 채울 수 있다는 것, 헝겊 심장을 넣는 식으로 자신이 인형에 생명력을 부여할 수 있다는 것 등에 아이들은 열광했다. 처음에는 입점조차 힘들었던 테디베어 봉제인형이 어느새 쇼핑센터의 핵심이 되었다.

빌드어베어워크숍은 장난감 경험이 무언가 가지고 노는 데 그치지 않는다는 점을 꿰뚫어 보았다. 장난감 만들기는 부모와 아이의 유대감을 높이는 독특한 경험이었고 생일파티의 즐거운 행사가 될 수 있었다. 맥신 클라크는 "우리는 제품을 팔지 않습니다. 웃음을 팝니다."라는 말로 이를 표현했다.[5]

기업의 제품 제작 과정은 뒤쪽에 감춰져 있기 마련이지만 빌드어베어워크숍은 이를 드러냄으로써 고객들에게 새로운 경험을 안겨주었다. 동시에 공급망을 정리하고 부피 큰 제품의 운송 부담도 덜었으며 급변하는 장난감 선호도를 이겨낼 만한 틈새를 만들어냈다. 식당 업계에도 동일한 전략이 존재한다. 손질해 잘게 썬 채소와 고기를 주고 손님들이 각자 테이블에서 기호대로 조리해 먹게 한 식당이 그렇다.

코스토베이션 특성: 빌드어베어워크숍

돌파구를 찾는 시선

장난감 만들기는 장난감 자체만큼의 즐거움을 줄 수 있다.

끊임없는 집중

빌드어베어워크숍은 아이들과 기억에 남는 경험을 만드는 데 집중했다. 곰 인형 속을 채우는 것에서 직원들이 마무리 바느질을 하는 모습까지 전 과정을 아이들이 지켜볼 수 있게 한 것이다. 빌드어베어워크숍은 일부 제작 과정을 뒤로 감추고 싶은 충동을 참아냈다.

경계를 넘어서는 혁신

빌드어베어워크숍은 봉제 인형의 제작 과정 자체를 핵심 비즈니스로 끌어냈다. 곰 인형과의 유대는 선물을 받는 순간이 아닌 직접 만드는 순간부터 시작된다.

이는 이미 널리 쓰이긴 하지만 제품에 대한 고객들의 애착이 여전히 큰, 동시에 경쟁이 극심한 산업 분야에 사용 가능한 전략이다. 사랑하는 이와 함께 시간을 보내고 경험을 공유하는 등의 감정적인 측면을 부각하는 것이다. 이를 통해 경쟁자들과 깊숙이 차별화될 수 있다.

- 진정으로 마음을 사로잡는 고객 경험을 만들려면 고객이 원하는 바를 잘 이해해야 한다. 시행 과정에서 고객이 불편함을 느낄 수도 있으므로(실험 집단은 마무리 바느질에 걸리는 5분을 더 기다려야 하는 상황에 어떻게 반응하는가?) 수동적인 관찰자 입장에서 다각도로 접근해야 한다.
- 채워지지 못했던 욕구를 성공적으로 충족시켰다 해도 때로 새로운 난점이 생겨난다. 제작 과정을 고객에게 넘긴다는 점의 의미를 신중히 생각해보아야 한다. 소시지 만드는 회사에는 이런 접근법을 권하지 않겠다!

실행하기

- 고객들이 완제품 제작에 더 많이 참여하고 싶어 한다고 상상하라. 제작 과정의 어느 단계에 고객 참여가 가능할까? 고객이 참여해서는 안 된다고 여겨지는 단계가 있다면 이유는 무엇인가? 전통적인 사고방식을 비판 없이 받아들이고 있지는

않은가?

• 고객 경험을 재설계할 방법이 떠올랐다면 고객이 그 새로운 개념과 상호작용 하는 과정을 그림으로 표현해보라. 상황 차이를 반영해 여러 경로가 필요할지도 모른다. 경로의 각 지점에서 어떤 난점이 발생할 수 있는지, 대처방법은 무엇일지 확인하라.

전략 4 비즈니스 성장을 위한 토대를 구축하는 법 : 플랫폼 구축

키친에이드(KitchenAid)의 스탠드형 믹서처럼 오랫동안 주부들의 부엌 필수품으로 자리 잡은 사례는 흔치 않다. 개당 500달러에 달하는 이 제품을 장만하기 위해 여러 세대의 가정이 돈을 모으곤 했다. 결혼 준비 웹사이트 더 노트(The Knot)에서 키친에이드 스탠드형 믹서는 예비 신부들이 작성한 선물 목록에 가장 많이 오른 제품이었다. 요리를 하지 않는 이들에게도 이 믹서는 자신의 요리 의지를 세상에 드러내는 수단이자 최소한 자신이 기혼자라는 신호이다.[6]

스탠드형 믹서의 핵심은 큼직한 스테인리스 스틸 볼과 325와트 모터이다. 하지만 부착해 사용하는 부품들이 무한히 많다. 그 덕분에 케이크 반죽 섞기, 감자 으깨기, 피자 반죽하기, 계란 휘젓기, 생파스타 자르기, 아이스크림 만들기, 곡물 갈기, 마늘 다지기, 치즈 채 썰기 등이 모두 가능하다. 키친에이드 스탠드형 믹서의 기본 형태는 몇 십 년이 흐르는 동안 변하지 않았다. 1950년대의 부착품을 우연히 찾아냈다 해도 요즘 판매하는 믹서에 얼마든지 끼워 넣을 수 있다. 이는 혁신의 초점이 기본 형태에서 부착 부품으로 옮겨갔다는 의미이다. 늘 변하는 고객의 선호에 유연하게 대응하는 방법 또한 부착 부품에 있다. 70년 전 사람들은 스탠드형 믹서로 콩 꼬투리를 까고 깡통을 따고 싶어 했다. 오늘날 키친에이드는 트렌드를 반영해 호박을 나선 모양으로 깎거나 과일즙을 짜는 부착품을 내놓는다.

코스토베이션 특성: 키친에이드

돌파구를 찾는 시선	**끊임없는 집중**	**경계를 넘어서는 혁신**
고객 기호에 맞춰 몇 년에 한 번씩 믹서 모터를 교체할 필요가 없다. 키친에이드는 대신 부착 부품을 혁신한다.	무한한 다기능 부엌 용품에 집중했다. 그렇다고 모든 기능을 한꺼번에 추구할 필요는 없다.	키친에이드 플랫폼 모델은 새 기능을 시장에 도입하는 비용을 줄여주는 기능 혁신 사례이다.

또 다른 멋진 플랫폼 모델로 존디어(John Deere) 트랙터가 있다. 이 트랙터에는 쟁기, 잔디 깎기, 절단기 등 온갖 부품을 붙여 사용할 수 있다. 외부 참여자를 끌어들이는 신기술 덕분에 지난 이십 년 동안 플랫폼 구축 비즈니스는 폭발적으로 늘어났다. 애플(Apple)의 앱스토어 생태계는 외부 개발자들이 아이폰과 아이패드 사용자들을 위해 애플의 상상력을 넘어서는 새로운 용도와 가치를 창조하게 해주었다. 스냅챗(Snapchat), 우버(Uber), 인스타그램(Instagram) 등의 애플리케이션은 아이폰을 우리

일상과 더 밀접히 연결시켰다. 페이스북(Facebook)의 개발자 생태계도 비슷한 방식으로 제삼자 기업들을 참여시켜 사용자들이 페이스북 페이지에 더 오래 붙잡히게 되는 환경을 만들었다. 애플과 페이스북이라는 두 거인은 비즈니스를 위한 탄탄한 토대를 구축한 후 다른 이들에게 바통을 넘겨 참여하고 기여하고 함께 성장하도록 했다.

이 외에 급격한 성장을 이룬 플랫폼 몇 개를 더 알아보자. 엘프(Yelp)는 공짜로 레스토랑과 상점 리뷰를 올리는 사용자들이 가치를 만들어주는 플랫폼이다. 무료 온라인 백과사전 플랫폼 위키피디아(Wikipedia)는 편집 업무를 이용자들에게 위임해 자발적으로 항목을 만들고 채워나가게 한다. 동영상 호스팅 플랫폼 유튜브(YouTube)는 동영상을 창의적으로 제작하는 일을 사용자에게 맡겨두었다. 플랫폼 비즈니스는 급속한 성장을 이끄는 가장 좋은 방법이다. 경쟁우위와 차별화도 꾀할 수 있다. 당신의 플랫폼이 파트너들에게 매력적인지, 또한 경쟁자들이 최초의 플랫폼 구축자로 시장을 선점하지는 않았는지 잘 살펴도록 하라.

- 플랫폼의 성장은 내부적 활동을 통해서도(키친에이드와 존디어가 기본 제품에 부착하는 부품을 만들었듯) 혹은 외부인들을 끌어들여서도(애플과 페이스북의 개발자 생태계처럼) 가능하다. 당신의 상황에서 두 방식이 갖는 장점과 단점을 분석하라.
- 제삼자를 끌어들이는 플랫폼 사업이라 해서 손을 떼고 기다리기만 하면 되는 것은 아니다. 예를 들어 애플은 앱스토어 참여자들에게

분명한 가이드라인과 요구사항을 제시한다. 어떻게 커뮤니티를 관리하고 참여도와 품질을 지속적으로 유지할지 미리 계획하라. 플랫폼 비즈니스는 급속한 성장이 가능하다는 특징을 갖지만 몰락 또한 순식간에 찾아온다.

- 외부 참여자들에게 의존해 플랫폼의 가치를 높이려 한다면 초기 동력을 어떻게 만들지 신중하게 생각하라. 요구와 목표가 분명히 파악된 초점 고객층에서부터 시작하기를 권한다. 확대하기 전에 일단 거기서 가치를 확인하라. 자신의 플랫폼에 직접 참여해 원하는 방향을 잡아나갈 필요도 있다. 질의응답 웹사이트 쿼라(Quora)는 운영 초기에 '편집진'이 질문을 던지고 직접 대답하는 활동을 했다.

실행하기

- 외부인들이 참여하는 방식의 플랫폼은 교환 개념을 중심으로 한다. 당신의 플랫폼 아이디어가 교환되는 방식을 신중히 계획하라. 참여자들과 회사는 각각 플랫폼에서 무엇을 얻을 수 있나? 가치의 생산자가 누구이고 가치의 소비자가 누구인지도 명확해야 한다.
- 플랫폼에서 수익을 창출하는 다양한 방식(거래수수료, 프리미엄 콘텐츠 이용료 등)에 대해 고민해보라.

제품을 만드는 방식

박수와 탄성을 자아내는 혁신 중 많은 수는 스마트폰이나 자율주행차처럼 직접 만지

거나 볼 수 있는 제품이다. 하지만 무대 뒤의 과정을 더 빠르고 더 값싸게, 그러면서

도 모방 불가능하게 하는 혁신도 많다. 제품을 만드는 제조 과정에서 실현된 코스토

베이션 전략 여섯 가지를 분석해보자.

전략 5 제품이 아닌 네트워크를 관리하는 전략
: 네트워크 관리

청혼은 삶에서 가장 가슴 떨리는 일 중 하나이다. 반지 산업은 그 순간의 긴장을 전혀 완화시켜주지 않는다. 결혼반지 가격은 불투명하고 변덕스럽다. 그 반짝이는 물건을 사려면 얼마나 줘야 하는지 보석 가게에 들어가 물어봐야만 알 수 있다. 더욱이 구매자 대부분은 난생처음 비싼 보석을 사는 경우이다. 판매자들은 결혼반지 구입이 일생에 두 번 다시 없을 일이라면서 호들갑을 떤다.

이런 상황에서 온라인으로 반지를 구입하는 사람들이 최근 몇 년 새 계속 늘어나는 추세이다. 고객들은 다양한 제품을 집에서 편안히 구경하고 선택하는 상황을 좋아한다. 할인도 크다. 상점에 가서 사는 것에 비해 온라인 구매는 30~50퍼센트 더 저렴하다.

온라인 판매자들은 어떻게 이 정도로 가격을 대폭 할인할 수 있을까? 제임스앨런닷컴(JamesAllen.com)의 경우 비결은 다이아몬드 금고가 아예 없다는 데 있다. 웹사이트에 올라와 있는 다이아몬드 반지가 준비되어 있지 않다는 뜻이다. 대신 생산자 발송 모델을 약간 변형해 운영한다. 주문이 체결되면 생산자가 제임스앨런 측에 제품을 보내고 검수 과정을 거쳐 고객에게 발송된다. 판매직원 고용, 매장 운영, 사전 재고 확보를 위한 선결제 등의 부담 없이 제임스앨런은 웹사이트를 운영하고 완벽한 사진을 찍고 고객 서비스와 다이아몬드 검사를 담당하는 소수 직원만 관리하면 된다. 덕분에 업계 최저 가격을 실현했을 뿐더러 시장 상황과 유행 변화에 신속히 대응할 수 있다.

코스토베이션 특성: 제임스앨런		
돌파구를 찾는 시선	끊임없는 집중	경계를 넘어서는 혁신
전통적인 보석 상점에서는 재고관리와 판매비용이 어마어마하다. 제임스앨런은 이 비용을 모두 없앴다.	제임스앨런은 다른 보석은 차치하고 결혼반지에만 초점을 맞추었다.	생산자 발송 모델을 약간 변형한 제임스앨런의 경영 방식은 고객 눈에 보이지 않는다. 가격만 제외한다면 말이다.

제품이 아닌 네트워크를 관리하는 코스토베이션 전략은 다른 산업에도 존재한다. 온라인 주류 주문 배송 서비스인 드리즐리(Drizly)는 술병 하나 보유하지 않는 (심지어 손도 대지 않는!) 방식으로 주류 판매에 대한 삼중의 미국 법망을 피했다. 드리즐리는 주류 소매업자와 고객을 연결하는 시장만 관리한다. 고객이 앱으로 주문을 넣으면 해당 지역 주류

소매상에게 알려 배달하게 한다. 소비자는 추가 배달비용을 지불하지 않는다. 비용은 드리즐리 측에 월 계약비를 내는 소매업자가 부담한다. 이런 식으로 드리즐리는 술병을 만지지 않고 배송비 한 푼도 내지 않는다. 온라인 제조 서비스 회사 조메트리(Xometry)는 제조업체를 찾는 회사와 해당 능력을 갖춘 공장을 연결시켜준다. 입찰 과정을 단순화하고 즉각적인 가격협상과 파트너 매칭을 가능케 함으로써 가치를 만들어냈다.

이러한 전략이 가장 잘 적용되는 분야는 보석, 음료, 제조업 등 전통적으로 자산 부담이 큰 산업이지만 늘 그렇지만은 않다. 이케아 가구 조립, 행사 초대 전화, 정원 잡초 제거 등 필요한 일을 시간제로 해주는 인력을 연결하는 태스크래빗(TaskRabbit) 같은 경우도 있다. 태스크래빗은 일하고 싶은 사람들에게 기회를 제공하는 동시에 반대쪽 고객들은 해야 할 일을 효율적으로 해결하게끔 도와준다.

- 네트워크 기반 비즈니스 모델은 가격 인하(제임스앨런), 접근성과 가시성 제고(태스크래빗), 새로운 공급방식 창조(드리즐리) 등 그 목적이 다양하다. 당신의 네트워크가 무엇을 지향하는지 분명히 하라.
- 공급자들이 당신의 네트워크에 참여해야 하는 강력한 동기를 만들라. 태스크래빗은 이름을 굳이 밝히지 않은 채 일하고 싶어 하는 시간제 노동자들의 심리를 간파했다. 드리즐리는 주류 소매업자들이 새로운 방식으로 고객과 이어지게 도왔다. 제임스앨런은 최종

소비자와 직접 연결되지 못했던 다이아몬드 도매상들이 부각될 기회를 제공했다.

실행하기

- 당신이 속한 네트워크의 세부 요소들을 상상하면서 3대 핵심 참여자인 당신, 공급자, 고객이 어떤 가치를 누릴 수 있을지 분명히 하라. 이 네트워크는 다른 방식으로는 어려웠을 무엇을 도와주는가? 참여자들의 기능적, 정서적 측면에는 어떻게 기여하는가? 참여 동기는 무엇인가?

전략 6 신제품 개발 비용과 위험을 낮춰라
: 외부 혁신을 통한 코스토베이션

혁신이라는 말을 연구개발과 동일시하는 실수가 종종 일어난다. 이로 인해 혁신은 시간과 자본이 많이 드는 내부적 과정이라는 오해가 생긴다. 실은 그렇지 않다. 외부 혁신(열린 혁신이라고도 불린다)은 여러 기업이 힘을 합쳐 새로운 무언가를 만드는 개념이다. 예를 들어 기술이나 제약회사 들은 대학과 협력해 최신 연구 결과를 접한다. 사내 연구소를 운영하는 것보다 값싸고 빠른 방법이다. 대기업들은 외부에서 혁신 파트너를 영입해 개발 시간을 절반으로 줄이기도 한다.

콜게이트-파몰리브(Colgate-Palmolive)는 외부 혁신을 잘 활용한 기업이다. 외부 공급 기술을 실현하는 주체로 자처하기도 한다. 콜게이트-파몰리브는 특정 수요를 충족시키기 위해 여러 공급업체와 협력한다. 협력업체들이 투자를 받도록 도와주지만(보증을 서거나 투자처를 찾아주는 식으로) 최종 개발 책임은 공급업체가 진다. 외부 혁신의 대표적 성공 사례는 경영전문지 《패스트컴퍼니*Fast Company*》가 2010년 '올해의 제

품'으로 선정한 일회용 소형 휴대 칫솔 콜게이트 위스프(Colgate Wisp)
이다.[7] 이 제품을 개발하기 위해 콜게이트는 스위스 제조업체 트리사
(Trisa)와 협력했다. 무수히 많은 연구자, 학자, 공급업체들과 협력하여
800개에 달하는 올해의 제품을 출시했던 바로 그 방법이었다.

코스토베이션 특성: 콜게이트-파몰리브		
돌파구를 찾는 시선	끊임없는 집중	경계를 넘어서는 혁신
홀로 혁신을 추구할 필요가 없다는 점을 깨달았다.	시간과 자원을 들여 신뢰관계가 구축된 소수 공급업체에 집중했다.	콜게이트-파몰리브가 이루는 외부 혁신 결과는 고객들이 제품을 구입하면서 보게 되는 것에 국한되지 않는다. 혁신은 무대 뒤(이를테면 제조 과정)에서도 가능하다.

외부 혁신 모델은 무척 다양하다. 콜게이트-파몰리브가 공급업체와
긴밀히 협력하는 반면 넷플릭스(Netflix)나 스타벅스는 집단지성 활용에
더 무게를 둔다. 2013년, 넷플릭스는 클라우드 스트리밍 플랫폼의 사용
편이성과 품질 개선 방법을 찾는 혁신 대회를 열고 열 개 안을 선발해
각 만 달러의 상금을 지급했다. 스타벅스는 마이 스타벅스 아이디어(My
Starbucks Idea)라는 웹사이트를 운영해 고객들이 아이디어를 내놓고 평
가도 하게끔 한다. 일회용 컵 뚜껑 구멍을 막아 음료가 새지 않도록 하

는 마개가 바로 이 웹사이트에서 탄생했다. 외부 혁신은 신속하고 가벼운 형태일 수도(일회성 아이디어 대회), 복잡하고 장기적인 모습일 수도(자본 투자) 있다. 적용 형태도 다양하다. 기업 고유의 문화가 외부 혁신 성공에 영향을 미치는 일도 많다. '우리 내부에서 개발되지 않은 것'이라는 편견을 가장 먼저 극복해야 한다.

- 외부 혁신은 새로운 요리법 개발에서 포장 형태 변화, 과정 설계에 이르기까지 비즈니스 모든 단계에 적용 가능하다. 가장 넓은 범주에서 생각하라.
- 외부 혁신 모델 역시 다양하다. 콜게이트-파몰리브의 공급업체 주도 혁신, 넷플릭스의 혁신 대회, 스타벅스의 아이디어 수집 네트워크 등등 외부 혁신은 조인트벤처나 자본 투자 형태를 띠기도 한다.
- 외부 혁신이 만병통치는 아니다. 주관 기업의 치밀한 사고와 계획 과정이 필요하다. 2006년에 열린 넷플릭스의 첫 번째 혁신 대회에서 무려 100만 달러의 상금을 받은 영화 성공 예측 알고리즘은 결국 실제로 활용되지 못했다.

실행하기

- 당신이 몸담은 분야와 다른 분야에서 사용된 외부 혁신 모델들을 연구하라. 어떻게 적용할 수 있을지 검토하라.

- 기업의 혁신 문화를 평가해보라. 외부 파트너에게 혁신을 맡길 준비가 되어 있는가? 외부 혁신의 성공 가능성을 평가할 수 있는 내부 인력을 갖췄는가?

전략 7 더 효율적인 맞춤화를 위한 잠시 멈춤
: 맞춤화 지연 전략

일곱 번째 전략은 맞춤화를 공급망에서 되도록 멀리 지연하는 전략이다. 예를 들어 인스턴트 라면 업체는 단일 제품만 생산하고 나중에 분말수프 봉지를 집어넣어 맛을 열 개 이상으로 다양화할 수 있다. 지연 전략은 관리해야 하는 제품수를 줄이고 배송비도 낮춘다. 그러면서도 고객 요구에는 더 신속하게 반응할 수 있다. 고객들은 제품을 원하는 대로 조정할 수 있다는 데 만족한다.

- 리복(Reebok)은 인디애나폴리스의 공급 센터에 운동셔츠를 쌓아두고 그곳에서 주문형으로 그림을 찍거나 수를 놓는다. 덕분에 최신 경기 내용을 신속하게 반영할 수 있다.
- 미니(Mini)는 무한대의 맞춤형이 가능한 자동차로 명성을 얻었다. 고객 눈에 보이는 표면적 요소들 모두가 맞춤화의 대상이지만 제조 단계에는 실상 거의 영향을 미치지 않는다. 일부 맞춤화는 판매자 선

에서 일어나기도 한다.

- 영국의 인기 감자칩 브랜드 솔튼셰이크(Salt'n'Shake)는 작은 소금 봉지를 제품에 넣어 고객들이 원하는 만큼 넣게 한다. 그 덕분에 무염, 저염, 평균 염도 제품을 모두 생산해야 하는 부담을 덜었다.
- 멕시코 최대 페인트 제조, 공급, 판매업체인 코멕스(Comex)는 매장에 흰색 페인트만 둔다. 대신 흰 페인트에 넣으면 수천 가지 다른 색을 내는 염료를 구비한다. 고객이 주문하면 매장 직원이 즉석에서 원하는 색을 만들어준다.

코스토베이션 특성: 솔튼셰이크		
돌파구를 찾는 시선	끊임없는 집중	경계를 넘어서는 혁신
원하는 만큼 직접 간을 맞추는 일을 싫어할 고객은 없다. 싫어하기는커녕 선호한다.	제조 과정에 집중해 생산 제품수를 줄이고자 했다.	소금 간에 대한 솔튼셰이크의 접근법은 마케팅 면에서도(모두를 위한 감자칩이라는 광고가 가능했다) 상품 관리 면에서도(재고품 코드가 줄어들었다) 유익했다.

지연 전략은 재고관리 단위가 급격히 늘어났거나 제품 간 차이가 크지 않은 경우에 적합하다. 맞춤화 요구에 응하다 보면 공급망이 복잡해지고 재고품 코드가 늘어나며 생산라인이 재설정되는 일이 많은데 그

럴 경우 미래 예측의 불확실성이 커지고 만다.

- 지연 전략이 무엇에 대해(조립, 포장, 라벨 붙이기 등) 어디서(공급 센터, 창고, 판매 시점, 소비 시점 등) 가능한지 폭넓게 검토하라.
- 지연 전략을 위해서는 여러 부서 간 협력이 필요하니 사전에 준비를 해두어야 한다. 새로운 제품 형태 개발을 위한 연구, 생산라인 조정을 위한 비용 지원, 예전에 생각지 못했던 품질 검수나 고객 지원이 필요할 수 있다. 필요 인력을 일찍부터 투입하라.

실행하기

- 현재 공급망에서 맞춤화 혹은 제품 차별화가 어디에서 일어나고 있는지 파악하라. 거기가 시작점이다. 그곳에서 맞춤화를 지연할 방법을 고민하라. 제품의 여러 측면(포장, 맛 내기 등)에서, 공급망의 여러 지점(공급 센터, 창고, 판매 시점, 소비 시점 등)에서 지연 가능성을 찾아보라. 지연 전략에 따라오는 반대급부(품질관리, 규모의 경제효과 상실 등)와 부작용을 현실적으로 점검해야 한다.

전략 8 모듈화를 시도할 때 고려해야 할 것들
: 모듈화를 통한 제작 시간 단축

유럽의 소형차 스마트카(Smart Car)는 저렴하고 연비가 좋기로 유명하다. 자동차 생산 전 과정에서 절약을 실천한 덕분이다. 전통적인 자동차 산업에서는 부품 공급업체가 타이어, 핸들, 엔진 등 부품을 공장에 운반해두고 가버리는 방식이었다. 하지만 프랑스 북동부의 스마트카 공장에서는 공급업체들이 자체 노동력으로 부품 일부를 조립해 차체와 결합한다. 이는 모듈 조립 시스템(modular assembly system)이라 불린다.

스마트카의 모기업인 MCC 입장에서는 환상적인 상황이다. 공급업체가 맡은 부품에 대해서는 경제적, 법적 책임이 없다. 공장 인력 대부분(1800명 중 1100명)이 공급업체 소속이므로 인건비도 대폭 줄어든다. 개발비용 또한 공급업체와 나눠 부담하므로 금융비용이 절약된다. 모듈 조립 방식은 대당 조립 시간도 4.5시간에 불과하다.[8] 어디선가 접해본 듯한 방식인가? 맞다. 스마트카는 시계 브랜드 스와치(Swatch)를 고안한 사람들이 같은 제조 방식과 맞춤화 전략을 적용한 결과이다.

코스토베이션 특성: 스마트카		
돌파구를 찾는 시선	끊임없는 집중	경계를 넘어서는 혁신
혼자서 차를 만들어낼 필요가 없다.	조립 라인을 최대한 빠르고 가볍게 만드는 데 집중했다. 자동차는 단순한 기본형이다.	세계는 저렴한 가격과 작은 크기에 감탄했지만 스마트카의 최대 혁신은 모듈 조립 시스템이라는 무대 뒤 제조 방식에 있다.

모듈 제작은 제조업체에서만 가능한 것이 아니다. 웨스턴가버너 대학(Western Governors University)은 교과과정 개발 전문 직원, 수업을 진행하는 교수자 직원, 평가 담당 직원, 상담과 지원 담당 직원 등을 직무별로 채용함으로써 수업료를 획기적으로 낮췄다. 타코벨(Taco Bell)은 고기 요리를 공급업체에 위탁하여 오븐을 없애고 주방 공간을 줄였다(직원은 고기를 데우기만 하면 되므로 메뉴 준비 시간도 줄어들었다).

고급호텔 체인 시티즌엠(CitizenM)은 2017년 뉴욕에 300객실 규모 호텔을 세웠는데 폴란드에서 실어온 모듈 210세트를 사용했다. 뼈대만 세운 건물에 모듈을 설치하는 것으로 작업이 끝났고 고층건물 건축에서 필요한 단계를 대부분 생략했다. 모듈 건축 덕분에 공사 기간도 2개월에서 5개월 정도 단축되었고 현장을 오가는 트럭 운행 횟수도 1200번이나 줄였다고 한다. 모듈 건축은 품질관리 업무도 줄여주었다. 사전제작 모듈에 대해서는 해당 공장이 관리 책임을 졌기 때문이다. 모듈화는 제조나 조립 시간을 단축하거나 인건비를 줄이고자 하는 기업에 잘 맞는 전략이다. 약점은 맞춤화가 제한된다는 것이다.

- 모듈화는 '단독 행동'이 아니다. 스마트카는 자동차 조립이라는 과업을 공급업체와의 네트워크에 크게 의존한다. 시티즌엠은 폴란드 건축 전문가들의 힘을 빌렸다. 모듈화를 실현하려면 공급업체의 의지와 능력부터 점검해야 한다.
- 모듈화의 약점은 지나친 표준화로 유연성이 떨어진다는 점이다. 당신의 전략에서 우선순위가 무엇인지 분명히 하고 반대급부도 기꺼이 받아들일 수 있는지 생각하라. 그래야 모듈화가 당신에게 적합한지 판단할 수 있다.

실행하기

- 유연성과 맞춤화는 실상 어느 산업 분야에서든 중요한 문제이다. 하지만 어느 요소가 얼마만큼 중요한지는 각각 다르다. 당신의 제품과 비즈니스에서 표준화가 가능한, 더 나아가 이상적인 부분을 찾아보라. 그곳이 모듈화 전략 탐색의 시작점이다.

- 공급업체나 유통판매 협력업체와 함께 모듈화 지원 가능성을 모색하라. 해당 업체는 더 중요한 파트너가 된다는 점을 기쁘게 받아들일 수도 있다.

전략 9 쓰레기에 어떤 가치를 덧붙일 수 있는가
: 쓰레기의 의미

캘리포니아 시더 프로덕트 컴퍼니(California Cedar Products Company, 줄여서 칼시더)는 미국에서 100년 이상 연필을 생산해온 가족 기업이다. 1960년대부터 칼시더는 삼나무 다루는 기술로 할 수 있는 다른 기회를 찾기 시작했다.

최신 기술에 투자하는 대신 칼시더는 있는 재료에 우선 주목했다. 폐기되는 삼나무 대팻밥과 톱밥이 잔뜩이었던 것이다. 이를 여러 파라핀 혼합물과 섞어보는 실험 끝에 세계 최초의 인조 장작 듀라플레임(Duraflame)이 탄생했다. 고객들은 불붙이기 쉽고 깔끔하게 연소되는 새로운 장작을 환영했고 오늘날 칼시더가 듀라플레임으로 올리는 연간 매출은 2억 5000만 달러가 넘는다.

듀라플레임은 톱밥과 석유 파라핀이라는 두 가지 산업 부산물을 결합해 기존의 장작 시장 경쟁자들을 뛰어넘는 새로운 제품을 만들었다는 점에서 탁월하다. 쌓여가는 나무 부스러기 때문에 골치를 앓던 제재

소들은 이를 치워주는 비용을 기꺼이 지불했다. 덕분에 칼시더의 새로운 비즈니스 모델은 기본 재료를 확보하는 와중에 돈도 벌 수 있었다.

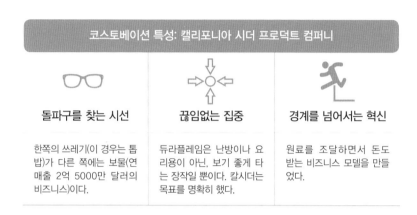

코스토베이션 특성: 캘리포니아 시더 프로덕트 컴퍼니		
돌파구를 찾는 시선	**끊임없는 집중**	**경계를 넘어서는 혁신**
한쪽의 쓰레기(이 경우는 톱밥)가 다른 쪽에는 보물(연매출 2억 5000만 달러의 비즈니스)이다.	듀라플레임은 난방이나 요리용이 아닌, 보기 좋게 타는 장작일 뿐이다. 칼시더는 목표를 명확히 했다.	원료를 조달하면서 돈도 받는 비즈니스 모델을 만들었다.

식품업계에서도 이러한 코스토베이션 전략이 발견된다. 네슬레(Nestle)는 킷캣(Kit Kat) 초코바 불량품을 잘게 부셔 킷캣 속 재료로 다시 사용했다. 2014년 프랑스 슈퍼마켓 체인 앵테르마르슈(Intermarché)는 흠집 있는 농산물을 30퍼센트 할인해 판매하기 시작했다. 이를 통해 식품 폐기물을 줄이는 동시에 지속가능성을 고려해 소비하는 고객들의 마음도 얻었다('못난이 과일과 채소'를 판매한 첫 달 동안 방문객이 24퍼센트나 증가했다고 한다). 이 전략은 연필, 과일, 사탕 등 물리적인 제품을 공급하는 기업에 적합하다.

• 칼시더는 부산물을 사용해 완전히 새로운 제품을 생산한 사례이다.

기존 제품 개선을 위해서도 같은 접근이 가능하다는 점(네슬레의 킷 캣처럼)을 잊지 말라.

- 고객의 요구를 충족시키면서 동시에 비용도 줄이는 전략을 다른 기업과 협력하여 이룰 길은 무엇일지 고려해보라.

실행하기

- 산업에서 나오는 쓰레기의 목록을 만들어라. 그 쓰레기가 어떻게 처리되는지, 그 과정에서 골치 아픈 부분이 무엇인지 검토하라. 그 목록을 폭넓게 살펴보며 새로운 제품 생산, 최종 생산물로의 재활용, 제품 특성 변화 등에 활용할 가능성을 찾아보라. 쓰레기에 어떤 가치를 덧붙일 수 있는가?

전략 10 직원들에게 무엇이 가장 중요한지 파악하라
: 새로운 인력 자원 관리

클리블랜드의 특별할 것 없는 어느 방. 매일 저녁 7시부터 오전 7시까지 의사들과 간호사들 몇 명이 200명 넘는 중환자들을 주시하고 있다. 하지만 이곳은 일반적인 병원이 아니다. 실제 환자들은 수백, 심지어 수천 마일 떨어진 곳에 있다. 이 방의 핵심은 벽에 붙은 화면들이다. 환자의 생명유지신호, 비디오 영상, 동공 확장 상태까지 온갖 데이터가 들어오는 중이다.

세계적으로 유명한 클리블랜드 클리닉(Cleveland Clinic)의 의료통제센터 모습이다. 소수의 의사들이 생명유지신호를 비롯한 데이터에 집중한다. 어느 환자든 문제가 발견되면 환자 근처 간호사에게 알린다. 환자들은 밤중에 자다 깨서 혈압 체크를 받는 불편을 겪지 않고 편히 쉴 수 있다. 앞으로는 환자들이 장비를 갖고 집에 가서 원격으로 점검받게 한다는 것이 클리블랜드 클리닉의 구상이다(그러면 입원 기간이 대폭 줄게 된다).

이 코스토베이션은 인적 자원을 가장 필요한 곳에 배치하는 전략이다. 클리블랜드 클리닉의 경우 이는 환자 데이터를 중앙에 모아 소수의 야간 근무 의료팀이 분석하게 하는 것이었다. 사우스웨스트항공을 비롯해 여러 기업은 콜센터 직원들이 집에서 일하게 한다. 중요한 건 사람이지 같은 공간에서 함께 일하는 상황이 아니기 때문이다.

코스토베이션 특성: 클리블랜드 클리닉		
돌파구를 찾는 시선	끊임없는 집중	경계를 넘어서는 혁신
가까이서 상태를 지켜보는 것이 유일한, 혹은 최선의 의료 행위는 아니다.	클리블랜드 클리닉은 데이터와 분석 전문가들을 최선의 방법으로 활용하는 데 초점을 맞추었다. 그렇게 탄생한 해결책이 중앙 통제 센터이다.	클리블랜드 클리닉은 환자의 생명유지신호 측정 장비부터 간호사들의 직접 측정에 이르기까지 의료 서비스의 모든 측면에 변화를 시도했다.

물리적 위치가 중요한 경우도 있다. MSNBC 방송은 보도 경험보다는 정치 해설 능력을 갖춘 인력을 고용함으로써 CNN 및 폭스 뉴스와 벌이던 삼파전에서 승자가 되었다. 단순 보도를 넘어선 분석을 원하던 시청자들이 열광했고 시청자 일인당 들어가는 생산 단가가 가장 낮아지는 효과도 거두었다. 미국 안팎에서 50개 이상의 사립학교를 운영하는 액턴 아카데미 네트워크(Acton Academy Network)는 학년이라는 개념

을 벗어던졌다(대표자 매트 클레이턴(Matt Clayton)은 "주변 사람 모두의 나이가 6개월 안팎 차이인 직장을 본 적 있나요?"라고 묻는다). 대신 학생들이 원하는 속도로 자기 학습을 할 수 있게 북돋고 안내한다. 그 결과 이 네트워크의 학교들이 들이는 학생 일인당 연간 비용은 4000달러에 불과하다.[9] 주정부나 연방정부의 공립학교에서 한 학생에게 연간 쓰는 돈이 1만 651달러인 것과 대비된다.[10]

이 코스토베이션 전략은 의사나 경험 많은 기자 등 특정 능력을 갖춘 인력이 부족한 경우 적합하다. 선발 과정이나(업무를 새로이 정의하는 등) 직원 만족도를 재고하는 데도 사용할 수 있다.

• 직원들에게 무엇이 가장 중요한지 파악하고 거기 집중하라. 액턴 아카데미는 교사들이 행정 등 가르치는 일과 무관한 업무를 싫어한다는 점을 이해하고 새로운 방법을 찾았다. 사우스웨스트항공은 콜센터 직원들의 출퇴근 시간을 없앴다.

실행하기

• 이 책 전반에 걸쳐 우리는 고객에 대한 철저한 연구를 권장하고 있다. 그 방향을 직원에게로 돌려보라. 직원들이 달성하려는 목표는 무엇인가? 업무의 어떤 면에 환호하는가? 좌절하는 지점은 어디인가?

- 기존의 모든 업무 내용과 보고 위계를 없애고 고객만족, 효율성, 기업 미션을 바탕으로 처음부터 새로 시작한다고 해보자. 무엇을 바꿀 것인가? 그대로 남겨둘 것은 무엇인가?

제품을 전달하는
방식

공급과 배송은 혁신 여지가 풍부한 또 다른 영역이다. 기업이 제품을 고객의 손까지

전달하는 과정에 코스토베이션 전략을 어떻게 적용했는지 두 사례를 통해 살펴보자.

전략 11 고객과 직접 연결되는 것의 이점
: 전달 단계 축소

인터넷 덕분에 누구든 집에서 편안하게, 혹은 어느 구석에서 남몰래 사업을 시작할 수 있게 되었다. 더 이상은 건물이 꼭 필요하지 않다. 더 나아가 인터넷은 수천 개 기업이 비즈니스 가치사슬에서 코스토베이션을 이루도록 만들었다. 고객에게 직접 제품을 보낼 수 있으므로 판매망, 중간도매상 등 중개인이 사라진 것이다. 절약된 비용은 고객에게 돌아간다. 고객에게 곧장 연결되며 수직적으로 통합된 비즈니스 모델은 다양한 분야에서 등장하고 있다.

• 엠제미(M. Gemi)는 이탈리아산 고급 가죽 신발을 300달러도 안 되는 가격에 판매한다. 일감이 필요한 이탈리아 장인 및 작은 공장들과 파트너 관계를 구축한 덕분이다. 참신한 디자인을 유지하기 위해 한 모델의 신발은 단 석 달 동안만 판매한다. 2017년 말 이 회사는 5200만 달러의 벤처 캐피털을 유치했다.

- 허블(Hubble)은 한 달 30달러의 가격으로 일회용 콘택트렌즈를 고객들에게 배송해준다. 렌즈 제조사 네 곳이 시장의 95퍼센트 이상을 장악한, 그리고 연간 일회용 렌즈 사용 평균 가격이 700달러에 달했던 미국 시장의 소비자들에게 새로운 가능성을 열었다. 허블은 대만의 콘택트렌즈 제조업체 세인트샤인옵티컬(St. Shine Optical)과 제휴했다. 영업 개시 9개월 만에 2천만 달러 매출을 올렸다. 장기적으로 (다른 나라에서 그렇듯) 미국에서도 하루 쓰고 버리는 일회용 렌즈를 몇 개월 쓰는 렌즈나 2주 정도 쓰는 렌즈로 대체하도록 하는 것이 목표이다.
- 에버레인(Everlane)은 흰 티셔츠, 캐시미어 스웨터, 가죽 토트백 등 이른바 '세련된 기본 품목'을 웹사이트로 판매한다. 가격 책정 과정을 투명하게 공개하는데 품목별로 각 요소의 가격과 마진을 모두 보여준다. 마진은 경쟁업체와 비교도 안 될 정도로 낮다.
- 스타트업 보험회사 레모네이드(Lemonade)는 보험설계사 없이 고객에게 직접 상품을 판매한다. 당연히 중간 수수료가 들지 않는다.

고객에게 상품이나 서비스를 바로 판매함으로써 얻을 수 있는 이점은 여러 가지이다. 전체 비용이 낮아지는 데 더해 회사는 제품가격 할인 과정을 통제할 수 있고 브랜드 관리, 제품 소개, 고객 데이터 관리도 가능하다. 백화점 등 전통적 판매망이 종종 요구하는 불공정한 규칙(광고비 전가, 무제한 반품 요구 등)에서도 벗어날 수 있다. 단점은 시작 단계에서 상당한 자본이 필요하다는 것, 그리고 해당 제품의 온라인 구매가 고객에게 낯설거나 불편할 수 있다는 것이다. 일단 고객의 관심을 끌어야 한다는 것도 과제이다.

코스토베이션 특성: 엠제미		
돌파구를 찾는 시선	**끊임없는 집중**	**경계를 넘어서는 혁신**
고급 신발이라는 제품 선정은 윈윈 전략이었다. 고객들은 품질 좋은 제품을 저렴하게 사고 싶어 했고 이탈리아 소규모 공장들은 생산 시설을 돌릴 일감이 필요했다.	엠제미는 낮은 가격에 좋은 신발을 공급하는 데 집중했고 선택 가능성을 무한히 높였다. 신발은 한정된 양만 생산되고 품절되면 그것으로 끝이다.	엠제미의 혁신은 공급망에서 판매자들과 시너지 관계를 구축함으로써 가능했다.

직접판매는 매트리스나 안경 등 전통적으로 마진이 높고 판매망이 잘 통제되는 산업에서 유리하다. 세월이 흐르면서 구매 행동이 식상해진 제품에 개성과 재미를 부여할 기회도 된다.

• 오늘날 온라인 쇼핑은 이미 일반화되었지만 그럼에도 특정 상품에 대해서는 온라인 구매를 꺼리는 이들이 있다. 2016년 컨설팅 기업 닐슨이 26개 국가에서 실시한 조사에 따르면 응답자 중 45퍼센트가 의류를 온라인에서 구입해본 적이 없다고 답했다.[11] 직접 눈앞에서

보지 못하고 상품을 구입하는 고객들을 설득하기 위한 배려(상세 치수표, 쉬운 반품 및 교환 절차 등)가 필요하다.

- 브랜드 메시지를 전달하고 고객과 관계를 형성하고 고객 이해를 도울 데이터를 수집할 수 있는 이 기회를 최대한 활용하라.
- 직접판매 모델에서 가장 큰 도전은 회사 이름을 알리는 것이다. 이 면에서는 전통적 판매망이 우위에 있다. 광고와 마케팅을 어떻게 진행해 잡음을 차단할지 신중히 고민하라. 판매망은 없애더라도 판매망이 맡았던 기능은 남도록 해야 한다.

실행하기

- 현재 당신 회사와 산업이 고객에게 바로 판매하지 않는 이유가 무엇인지 생각하라. 이유 하나하나에 대해 그 아래 깔린 기존 믿음이 무엇인지, 거꾸로 생각할 방법은 무엇인지 고민하라.
- 당신 업계와 비슷한 특성을 지녔으면서도 수직통합 모델을 성공시킨 사례를 검토하라. 예를 들어 기술 회사가 유행에 민감한 업계의 혁신 사례로 패스트패션에 주목할 수 있다.

전략 12 경쟁사는 최종단계 배송을 어떻게 하고 있는가 : 배송 최종단계 점검

1975년, 인구 천만 명이 넘는 도시는 전 세계에 뉴욕, 도쿄, 멕시코시티, 단 세 개뿐이었다. 2030년이면 이런 도시가 41개에 달할 것이다(이 중 북미에 있는 것은 불과 세 개다). 세계 인구 대부분이 도시에 살게 되는 것이다. 당신의 배송 체계는 이런 추세에 대비되어 있는가?

오랫동안 메가시티 규모였던 도쿄는 최종단계 배송에 대해 고민할 수밖에 없었다. 스무 개 고층빌딩에 13만 명이 밀집되어 일하는 지역의 사무실 배달을 전문으로 하는 신주쿠 마텐로(Shinjuku Matenro)의 경우를 보자. 이 회사는 지역 집하센터들과 공동배송 시스템을 구축했다. 트럭들이 집하센터들과 사무 빌딩 하차장을 돌고 건물 내에서는 별도의 담당팀이 이를 직접 배달한다. 시내 오피스 빌딩에 적합한 배송망을 갖춤으로써 이 회사는 더 빠르고 효율적인 배달이 가능해졌다.

고객은 배송물이 어떤 과정을 거쳐 오는지 잘 모른다. 다만 한 가지는 확실하다. 자기 손에 들어오기까지 신속함과 정확성을 중시한다. 최종단계 배송을 혁신하기 위해 여러 기업이 막대한 투자를 해왔다. 드론, 로봇, 무인 장비, 알고리즘 개선 등의 기술이 동원되기도 했다. 하지만 신주쿠 마텐로의 사례는 최종단계 배송 혁신에 꼭 최신 기술이 필요하지 않다는 점을 보여준다.

반드시 도시 지역에서만 통하는 얘기도 아니다. 힌두스탄 유니레버(Hindustan Unilever)는 인도 시골 지역을 위한 유통망을 고안했다. 유럽에서 이용하던 바퀴 열여섯 개짜리 트럭은 인도에 의미가 없었다. 서로 멀리 떨어진 작은 마을들에 대해서는 새로운 접근이 필요했다. 유니레버는 샥티 암마(Shakti Amma)라는 방식을 고안했다. 지역 상인들(주로 여성들)이 유니레버 제품을 소규모로 구매해 마을에서 판매하게 한 것이다.

코스토베이션 특성: 유니레버의 샥티 암마		
돌파구를 찾는 시선	끊임없는 집중	경계를 넘어서는 혁신
유통망은 현지 상황에 적합해야 한다. 다른 지역에서 통하던 방식이 인도 시골에는 맞지 않았다.	혁신을 시도하며 자사 제품의 접근성을 높이는 데 집중했다.	유니레버의 최대 혁신은 브랜드 전략과 제품 개발이라고 생각하는 이들이 많지만 이 회사는 유통망을 개혁해 온 역사를 자랑한다.

사무용품이나 세안 비누 등 물리적으로 제조, 운송, 판매과정을 거치는 제품의 경우 이런 접근이 유용하다. 신흥시장이나 발달된 시장, 지

방이나 도시 모두에 적용 가능하다. 각 시장마다 나름의 과제와 충족되지 못한 요구가 존재하며 새로운 배송 전략을 기다리고 있다.

• 고객들이 최종단계 배송에서 무엇을 기대하는지 이해하기 위해 시장조사가 필요하다. 자신의 경험이나 기존에 접수된 고객 불만을 바탕으로 추측할 수도 있지만 고객에게 진정으로 와닿는 변화를 이루려면 직접 목소리를 들어야 한다. 또한 배송의 최종단계에 직접 참여해 어떤 어려움이 있는지 확인해보기를 권한다.

이와 관련해 저자가 겪은 일을 하나 소개한다. 아프리카에서 음료 배달 트럭을 얻어 타고 가던 저자는 기사가 물건값을 받아 은행에 입금하기까지 무려 일곱 번이나 지폐를 세어 확인하는 모습을 목격했다. 직접 체험은 해결해야 하는 문제를 잘 이해하게끔 도와준다.

실행하기

• 제품의 배송 경로 지도를 그려라. 취약하거나 비효율적인 지점, 불안한 지점을 표시하라.
• 당신과 대상고객이 동일한 기업들이 최종단계 배송을 어떻게 하고 있는지 비교하라. 적용 가능한 점들이 있는가?
• 사무실에서 나와 직접 배송을 해보라. 어려운 점을 꼼꼼히 기

록하고 상황이 변화하면(비가 온다든지, 시골 농장으로 배달한다든지) 어떻게 될지 생각하라.

제품을 판매하는
방식

이번에는 판매하는 방식을 개혁한 코스토베이션 전략 다섯 가지를 살펴보자. 소프트웨어 판매는 저렴하게 참여할 수 있는 비즈니스가 아니다. 아이비엠(IBM), 오라클(Oracle), 휴렛팩커드(Hewlett Packard) 같은 기존 강자들도 수천 명의 판매원을 고용해 전 세계를 누비며 잠재고객들에게 전화를 걸고 성능을 시연하게끔 한다. 하지만 소프트웨어 업계에도 잘 알려진 파괴자가 존재한다.

전략 13 스스로 팔리는 제품의 비밀
: 셀프서비스의 힘

신생 호주 기업 아틀라시안(Atlassian)은 50억 달러가 넘는 기업 가치를 지닌다. 기존의 모든 관행에 역행해 이 회사에는 판매 부서가 아예 없다. 아틀라시안은 철저한 투명성을 실천한다. 가격, 제품 정보, 관련 문서 모두를 웹사이트에 공개해 잠재고객이 살펴볼 수 있게 한다. 소프트웨어는 고객이 직접 내려받아 설치하도록 설계되었다. 고객은 온라인 교육 자료를 통해 학습한다.

아틀라시안 소프트웨어를 사용하는 전 세계 6만 개 이상의 기업들은 셀프서비스에 개의치 않는다. 전화영업은 어떻게든 피하고 세세한 부분은 스스로 알아내려는 성향의 소프트웨어 개발자들은 부담 없는 접근을 선호하리라는 판단이 제대로 맞아떨어진 것이다. 아틀라시안은 고객의 특징을 반영해 저절로 이루어지는 마케팅을 고안했다. 사용자들은 소프트웨어에 만족하고 자부심을 느낀 나머지 주변에 소개하고 알리는 노고를 마다하지 않는다. 그리하여 아틀라시안 제품 구입은 사장들이 만나 서명하는 기업 거래보다는 현장 직원과 개발자 차원에서 주로 이루어진다.

코스토베이션 특성: 아틀라시안		
돌파구를 찾는 시선	**끊임없는 집중**	**경계를 넘어서는 혁신**
소프트웨어 개발자들은 세일즈맨과 만나기를 싫어하고 스스로 문제를 해결하려 한다.	현장 직원들의 선택을 겨냥했고 그에 적합한 소프트웨어 개발 및 협력 도구에 집중했다.	지라(Jira) 등 아틀라시안의 대표 소프트웨어는 매우 훌륭하다. 회사는 이들 제품의 세일즈와 마케팅 지출을 최소화하여 막대한 금액을 절약했다.

소프트웨어 산업이 아니더라도 이러한 코스토베이션은 다양한 형태로 나타난다. 뉴욕의 라가디아, 미네아폴리스, 토론토 등 출장 여행객이 많은 공항에서 고객들은 매장 테이블에 놓인 아이패드로 음식과 음료를 주문할 수 있다. 메뉴를 보거나 계산서를 받기 위해 손짓으로 웨이터를 부르고 기다릴 필요가 없게 된 고객들은 신속하게 주문하고 먹고 서둘러 일어설 수 있다. 공항 식당 운영자들은 직원을 적게 채용하고 피크 시간의 병목 현상을 피하는 혜택을 본다. 호텔과 공항도 셀프서비스 체크인 카운터를 설치해 고객들이 필요한 일을 직접 신속하게 해결하게 하고 있다. 이 전략은 소프트웨어부터 요식업, 숙박업에 이르기까

지 광범위하게 적용 가능하다. 전통적으로 판매과정이 길고 복잡한 경우에도 큰 혜택을 가져온다.

• 세일즈와 마케팅을 없애버린다는 것은 큰 유혹이다. 하지만 대상 고객층의 특징을 잘 파악해야 한다. 변화가 고객에게 고통이 아닌 기쁨이 되도록 해야 한다. 한쪽 고객 유형에게는 환영받는 전략이 다른 쪽 고객 유형에게는 별개의 반응을 불러올 수 있다.

실행하기

• 고객들이 회사와 상호작용 하는 방식을 그려보라. 잠재고객 공략에서 최종 판매와 애프터서비스에 이르기까지 전 과정을 살펴라. 객관적인 입장에서 각 단계의 가치, 비용, 어려움을 평가하라.
• 전통적인 판매과정에서 대상고객의 행동과 태도를 점검하라. 세심한 서비스가 필요한 지점은 어디이고 별다른 서비스가 없어도 되는 지점은 어디인가? 셀프서비스 세일즈 모델을 도입한다고 했을 때 전통적 모델보다 더 환영할 고객은 어떤 이들인가? 이들 고객은 파괴적 혁신의 발판이 되어줄 수 있다.

전략 14 사용자 커뮤니티는 어떻게 만들어지는가
: 고객이 직접 하는 고객 서비스

　매년 봄철이면 미국인들은 집단 스트레스에 시달린다. 세금 신고철이기 때문이다. 세금 신고서 작성은 시간이 많이 걸리고 복잡하며 까딱 실수라도 하면 손해가 막심한 일이다. 그래서 많은 사람들이 몇 백 달러를 치르면서 회계사에게 일을 맡겼다. 하지만 인튜이트(Intuit)가 개발한 혁신적인 소프트웨어 터보택스(TurboTax)는 3000만 명 넘는 미국인들의 세금 신고 작업을 손쉽게 만들었다.

　터보택스에 대해 다룬 글들은 이미 많다. 하지만 고객 지원이라는 측면에서는 아직 충분한 평가를 받지 못한 것 같다. 세금 관련 상담은 매우 복잡한 일이고 인튜이트는 그 지뢰밭으로 들어가고 싶지 않았다. 그리하여 터보택스 커뮤니티라는 해결책을 찾아냈다. 열성적인 터보택스 고객들과 세무 전문가들이 모여 질의응답이나 토론을 펼치고 신고자료 정리 요령을 공유하는 사용자 커뮤니티이다. 이들은 거대한 데이터베이스를 구축해 터보택스 웹사이트로 검색이 몰리게 했다. 터보택스 온라인 지원 체계가 갖추어진 것이다.

다른 한편 터보택스는 소규모 고객 지원팀을 만들어 사용자들의 업그레이드 요청도 받는다. 하지만 대부분의 기본적인 문제들은 사용자 커뮤니티에서 해결되게 하여 회사를 위해서나 고객을 위해서나 비용을 낮추었다. 아틀라시안과 같은 다른 소프트웨어 회사들도 사용자들이 경험을 공유하고 조언을 나눌 수 있는 공간을 제공하는 등 동일한 전략을 활용한다.

코스토베이션 특성: 인튜이트의 터보택스

돌파구를 찾는 시선	끊임없는 집중	경계를 넘어서는 혁신
제품을 정말 좋아하는 고객들은 기꺼이 사용 경험을 나누고 남을 도우려 한다.	활발한 공동체를 만들기 위해 터보택스는 탁월한 고객 경험을 만드는 데 집중했다. 그 결과 고객들이 제품 안내와 홍보를 맡게 되었다.	터보택스 커뮤니티는 고객과 직원 사이의 경계선을 허문다.

사용자 커뮤니티를 유지하고 발전시키는 데 투자할 의지가 있다면 이 코스토베이션 전략은 업계 선도자로 당신의 위치를 부각시키고 고객 서비스팀의 부담을 크게 줄여준다.

• 제품과 서비스에서 고객이 탁월한 경험을 하게 만드는 데 집중하라.

고객이 감동하지 않으면 남들에게 권하지도, 나서지도 않을 것이다.

• 고객들이 열심히 활동할 동기를 부여하라. 인튜이트는 고객마다 자기 프로필을 만들어 기여한 부분을 인정받을 수 있게 했다. 회계사들은 이 프로필을 통해 자신을 홍보하기도 한다.

• 커뮤니티 구성은 하루아침에 되는 일이 아니다. 처음에는 회사 나름대로 콘텐츠를 만들고 지속적으로 투자하면서 참여를 독려해야 할 수도 있다.

실행하기

• 어떤 비즈니스에든 열성 사용자가 있다. 거기가 출발점이다. 제품과 서비스를 어떻게 사용하고 있는지 고객 게시판에 올리거나 토론에 참여해 달라고 부탁하라.

• 작은 규모로 일단 준비하라. 커뮤니티를 전면적으로 확대하기에 앞서 '자주 묻는 질문' 코너 등에서 가능성을 먼저 검증하라.

전략 15 추가 비용인가, 가치 부가인가
: 번들을 푸는 방식

    수 세기 동안 번들(bundle) 서비스가 대세였다. CNN은 니켈로디언 (Nickelodeon)과 합병했고 컴퓨터를 사면 이미 소프트웨어가 깔려 있는 식이었다. 하지만 번들이라는 고전적 마케팅 전략은 이제 재검토해야 한다. 번들을 해체함으로써 고객이 원하는 바를 정확히 겨냥할 수 있 다. 이는 비즈니스와 고객 경험에서 가장 값비싼 부분을 떼어내는 방식 이며 고객 입장에서 비용을 절약하는 방법이기도 하다.

    교육 분야에서 디지털 교육 스타트업 업체들이 대학이라는 번들을 풀어 고가의 수업료에 지친 학생, 부모, 입법 기관의 주목을 받고 있다. 벤처 캐피털을 바탕으로 2011년에 설립된 미네르바(Minerva)가 한 예이 다. 미래의 글로벌 지도자 육성을 목표로 하는 미네르바스쿨의 핵심 프 로그램은 학부 과정 동안 매년 서로 다른 나라에 살게 하는 것이다. 학 생들은 베를린, 부에노스아이레스, 서울, 하이데라바드, 타이베이 등의 도시를 선택한다. 체육 활동, 교수의 정년 보장, 캠퍼스 등 전통적인 대학의 요소들은 과감히 생략했다(학생들은 기숙사에 모여 살지만 온라인으로 수업을 듣는다). 학부 교육의 비용을 높이는 요소들을 없앤 덕분에 연간 학비는 1만 3000달러에 불과하다.

교육 분야에서 번들 풀기로 또 다른 접근을 보여주는 것이 카펠라(Capella) 대학이다. 2013년에 이 학교가 시작한 플렉스패스(FlexPath) 프로그램은 학점 시수와 학위의 번들을 깨뜨렸다. 전통적인 대학에서 학생들은 한 학기라는 정해진 시간 동안 교과목을 이수한다. 즉 강의실에 앉아 교수 수업을 듣는 시간에 가치를 부여하는 방식이었다. 반면 카펠라 대학의 플렉스패스는 학생 스스로 수업 속도를 정할 수 있다.

한 학기 등록금을 똑같이 낸 후 수강한 교과목을 일찌감치 끝낸 학생들은 추가 비용 없이 다른 교과목을 들을 수 있다. 똑똑하고 성실한 학생은 불필요하게 돈과 시간을 쓰지 않고 원하는 바를 이뤄낸다. 일

코스토베이션 특성: 미네르바		
돌파구를 찾는 시선	**끊임없는 집중**	**경계를 넘어서는 혁신**
고등교육은 체육 활동부터 와이파이, 3학점 강좌 40개까지 번들로 판매해야만 하는 것이 아니다.	합리적 가격으로 폭넓은 국제 경험을 제공하는 데 집중했다. 이는 디지털 강의실 그리고 학생과 교수자가 누려온 기존 혜택을 축소함으로써 가능했다.	대학의 외적 모습과 기능에 대한 경계를 파괴했다.

년도 안 되는 기간 동안 만 달러의 비용으로 MBA를 마칠 수도 있다. 기존 교육 기관의 수업료에 비해 10분의 1도 안 되는 비용이다. 번들 풀기는 비용 관련 불만에 대처하는 유용한 방법이다. 기술 발전으로 과거에는 어려웠던 번들 풀기가 여러 분야에서 가능해졌다.

• 번들 풀기가 비용이 아닌 가치를 더하는 일이라는 점이 고객에게 명확해야 한다. 저가항공 산업은 여기서 실패했다. 수하물 하나에 40달러를 부과하는 것은 업체에게도, 고객에게도 비용 절약 방법이 아니었다. 고객들은 이를 그저 탐욕스러운 행동으로만 보았다.

실행하기

• 고객에게 제공하는 제품과 서비스의 하위 요소를 목록으로 만들어라. 판매 전과 후의 단계도 빠뜨리지 않고 꼼꼼하게 기록하라. 목록의 요소들을 다음 두 항목으로 분류하라. 1) 서비스의 핵심이 되는 요소들 2) 대부분의 고객들이 사용하는 요소들. 남는 것은 무엇인가? 고객 중 극히 일부만 혜택을 보는 요소(그리하여 비용만 발생시키는 요소)를 번들에서 풀어낼 방법을 생각하라.

전략 16 새로운 가격 구조는 고객의 시각을 어떻게 바꿀까 : 가격 책정의 정답

스키 리조트 운영은 리스크가 큰 사업이다. 곤돌라, 활강로, 제설기 등 막대한 시설투자가 필요하고 날씨라는 운에 의존한다. 스키 산업은 최근 몇 년 동안 특히 어려움을 겪고 있다. 미국 산악스키 애호가는 2010~2011 시즌 대략 1000만 명에서 2016~2017 시즌에는 900만 명으로 줄어들었다. 미국 내 스키장 3분의 1이 적자를 면치 못한다.[12]

하지만 홀로 승승장구하는 기업도 있다. 전 세계에 스키 리조트 열네 곳을 운영하며 성장세를 이어가고 있는 업계의 공룡 베일리조트(Vail Resorts)이다. 그 성공의 핵심에는 놀라운 가격 책정 모델이 있다.

베일리조트는 자사가 보유한 리조트 열네 곳 어디든 일 년 내내 이용할 수 있는 시즌 할인권 에픽패스(Epic Pass)를 판매한다. 2017~2018 시즌 에픽패스 가격은 859달러지만 베일리조트 하루 이용권은 179달러이므로 일 년에 닷새 이상만 스키장을 찾는다면 이익이다. 단체든, 회사 행사든, 쿠폰을 사용하든 상관없이 대부분의 스키어들이 에픽패스를 구입한다. 그리고 일단 스키장에 들어간 사람은 식사, 숙박, 장비 대여, 주차, 스키 레슨 등에 돈을 쓰게 된다.

2017년 가을, 베일리조트는 에픽패스 74만 장 이상을 판매했고 시즌 첫눈이 내리기도 전에 6억 달러 가까운 돈을 확보했다.[13] 베일리조트는 이런 선금 모델 덕분에 향후 날씨 상황이 어떻든 매출을 올렸고 여기에 더해 에픽패스의 RFID 무선인식 기능으로 고객이 어디서 누구와 스키를 타는지에 대해 귀중한 데이터도 얻게 되었다. 다른 한편 스키어들은 시즌 할인권의 새로운 세계를 즐겁게 경험할 수 있었다.

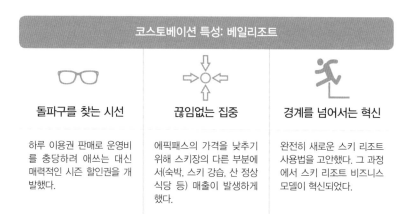

코스토베이션 특성: 베일리조트		
돌파구를 찾는 시선	**끊임없는 집중**	**경계를 넘어서는 혁신**
하루 이용권 판매로 운영비를 충당하려 애쓰는 대신 매력적인 시즌 할인권을 개발했다.	에픽패스의 가격을 낮추기 위해 스키장의 다른 부분에서(숙박, 스키 강습, 산 정상 식당 등) 매출이 발생하게 했다.	완전히 새로운 스키 리조트 사용법을 고안했다. 그 과정에서 스키 리조트 비즈니스 모델이 혁신되었다.

비슷한 코스토베이션이 고급 식당에서 이루어진 사례를 보자. 시카고에 있는 미슐랭 별 세 개짜리 식당 앨리니아(Alinea)는 고객이 온라인에서 예약하면서 식사비를 미리 지불하게 한다. 몇 개월 후의 식사비를 내게 되는 일도 흔하다. 이러한 세일즈 혁신은 여러 면에서 긍정적이었

다. 예약 후 나타나지 않는 노쇼 비율이 1.5퍼센트라는 놀라운 수준으로 떨어졌다. 식당은 필요한 재료를 정확히 주문할 수 있어 쓰레기가 줄었다.

온라인 예약이 도입되면서 전화 문의에 응대해야 하는 직원이 사라졌다. 식사비는 시간과 요일에 따라 달라진다. 월요일 저녁 등 손님이 드문 시간에는 가격을 낮춰준다. 예약은 짝수 인원으로만 가능하기에 빈 좌석이 발생하지도 않는다. 이는 수요가 불규칙하거나 예측하기 어려운 업계, 예를 들어 여행업이나 요식업에 특히 유용한 전략이다. 경쟁자들과 차별화되는 도구로도 활용 가능하다.

• 가격을 '제대로' 설정하려면 신중함이 필요하다. 정답은 여러 개일 수 있다는 점을 기억하라. 캐나다의 할인판매점 달라라마(Dollarama)는 2009년까지 모든 상품을 1달러에 팔았다. 덕분에 매장 운영이 무척 단순해졌다. 가격표가 필요 없었다. 계산원들은 상품 개수대로 버튼을 누르기만 하면 되었다. 재고관리도 복잡한 소프트웨어를 도입할 필요 없이 손으로 세면 그만이었다. 하지만 몇 년이 흐르자 변화가 필요했다. 상품 종류가 제한되었고 인플레이션으로 마진이 줄어들었다. 달라라마는 순차적으로 일곱 가지 가격 체계를 도입했고 (최고가는 4달러였다) 고객들에게 환영받았다.

• 고객이 가격 정책에 참여할 이유를 만들어야 한다. 중국의 스마트폰 업체 샤오미(Xiaomi)는 정기적으로 이벤트를 열어 신규 스마트폰을

대폭 저렴한 가격에 미리 주문할 수 있는 기회를 준다. 블로거나 인플루언서들은 행사를 대대적으로 홍보해 대중의 관심을 끈다. 운영 면에서도 이런 이벤트는 도움이 된다. 주문이 다 들어오고 결제도 끝난 상태에서 공급업체들과 제작을 시작하게 되니 말이다.

실행하기

• 현재의 가격 구조 대신 저가 모델을 내놓는다면 어떤 일이 벌어질지 생각해보라. 처음에는 말도 안 되는 얘기로 들릴지 모르지만 그래도 장단점을 따져볼 필요가 있다. 새로운 가격 구조는 고객의 시각을 어떻게 바꿀까? 비즈니스를 운영하는 방식은 어떻게 변할까? 가격을 낮출 방법은 무엇일까?

전략 17 최고 입지를 포기한 이디야커피의
성공 전략 : 매장 위치에 대한 새로운 시각

오늘날 한국에서 카페의 지위는 굳건하다. 한국인은 일주일에 평균 12.3회 커피를 마신다(아마 김치를 먹는 횟수보다 더 많을 것이다!). 2017년 기준으로 인구 5000만 명의 한국에서 영업 중인 커피숍은 10만 개가 넘는다. 그보다 인구가 여섯 배인 미국에 2015년 기준 카페가 3만 1500개인 것과 대비된다.[14]

치열한 경쟁에서 살아남기 위해 한국의 커피숍은 모든 전략을 동원한다. 복잡한 도시의 안식처를 표방하는 안락한 인테리어, 고양이 카페나 텐트 카페 같은 테마형, 맥주 판매, 1인 고객을 위한 테이블 설치 등등이 있다. 이 와중에 이디야커피(Ediya Coffee) 체인은 부동산 측면에서 최고 입지를 포기하는 전략으로 저가의 고품질 커피를 판매하기 시작했다.

이디야커피의 소형 매장은 이상적이지 않은 곳에 자리 잡는다. 주요 관광지나 교통 요지에서 꽤 떨어져 있다. 골목으로 쑥 들어가기도 한다. 당연히 임대료도 싸다. 평균적인 커피숍보다 규모를 작게 하여 임대료를 한층 낮춘다. 투썸플레이스(Twosome Place), 엔제리너스(Angel-in-us)가 130제곱미터 이상의 매장을 내는 데 반해 이디야는 30제곱미터 안팎 규모를 선호한다. 매장 크기를 줄이면 테이크아웃 손님이 늘어나고 매출이 높아진다. 현재 이디야커피는 한국 브랜드 커피숍 중 최대 매장수를 기록하고 있다. 한국소비자원은 가장 합리적인 가격의 커피로 이디야를 선정하기도 했다.[15]

코스토베이션 특성: 이디야커피		
돌파구를 찾는 시선	**끊임없는 집중**	**경계를 넘어서는 혁신**
경쟁자들이 최고 입지의 커피숍에 집중하는 동안 이디야커피는 테이크아웃 시장을 내다봤다.	저가의 커피에 집중했다. 이를 위해 차선의 입지를 감수했다.	이디야커피 원두는 품질이 좋다. 하지만 진정한 혁신은 커피 매장 위치에 대한 새로운 시각에 있다.

많은 경우 부동산과 입지는 비즈니스 비용곡선을 좌우한다. 예를 들어 푸드트럭은 임대료가 전혀 없는 이동형이다. 고급 의류를 저가에 판매하며 '패션업 특급 비밀'이라고 《뉴욕타임스 New York Times》에서 호평을 받기도 한 유나이티드 어패럴 리쿼데이터(United Apparel Liquidators)는 미시시피의 해티즈버그나 루이지애나의 슬리델 같은 상

대적으로 외진 지역에 매장을 낸다. 거대 패션 유통업체와의 경쟁이 거의 없고 브랜드 의류라면 재고품도 환영받는 곳이다.[16] 할로윈 의류와 소품을 판매하는 스피릿할로윈(Spirit Halloween)은 8월부터 10월 말까지 단 석 달 동안만 가게를 임대한다. 할로윈 다음 날 모든 매장은 문을 닫고 남은 상품은 중앙창고로 가서 다음 해를 기다린다. 화장품 회사 메리케이(Mary Kay)는 매장을 내기보다는 뷰티 컨설턴트들이 집에서 제품을 판매하게 하는 방식으로 유명하다. 이는 경쟁 상대가 많은 제품군이고 극적인 차별화를 원할 때, 그리고 좋은 입지에 높은 임대료를 내는 관행이 자리 잡은 산업에서 활용하기 좋은 전략이다.

- 입지에는 여러 차원이 있으며 그 각각이 코스토베이션의 영역이다. 자산의 배분에 더해 매장의 크기, 매장수, 매장의 지속성에 대해 생각해보라.

실행하기

- 부동산에 대한 업계의 기존 믿음을 다시 살펴보라. 오프라인 매장을 무조건 전제 조건으로 생각하고 있을지 모른다. 입지를 가장 중시해 매장 크기를 포기할 수도 있다. 각 측면을 검토하라.

- 입지나 매장 크기가 제한될 경우 비즈니스가 성공하려면 어떻게 해야 할지 생각해보라.

5

업계 생태계와의
파트너십

기업들이 업계라는 성벽 안에서 전문성을 키우고 번성하면 된다고 생각하던 시절이

있었다. 하지만 시장이 진화하고 확대되면서 기업은 이제 생명체로 여겨지기 시작했

다. 공급자, 판매자, 고객, 경쟁자, 정부, 다른 업계 기업 등이 만드는 네트워크 생태

계 안에서 살고 상호작용 하는 존재로 말이다. 네트워크 내의 참여자들은 모두 연결

되어 있다. 한 참여자의 행동은 전체 네트워크에 영향을 미친다. 이 생태계에는 코스

토베이션의 기회가 풍부하다. 네트워크의 다른 참여자들과 협력함으로써 고객의 핵

심 요구를 충족시키면서 가격도 낮춘 세 가지 전략을 살펴보자.

전략 18 공유경제를 활용하라
: 공급망에서의 비용 분담

2008년, 영국인 사이먼 베리(Simon Berry)는 잠비아 시골에서 일하면서 세 가지 점에 놀랐다.

첫째, 고향 영국에서는 살짝 귀찮은 증세 정도인 어린이 설사병이 사하라 사막 이남 아프리카에서는 치명적인 질병이었다. 5세 이하 어린이 사망의 두 번째 원인일 정도였다.

둘째, 지사제를 구하기가 몹시 어려웠다. 부모들이 약을 구하기 위해 평균 7.3킬로미터를 걸어가지만 그나마 재고가 없는 일이 많았다.[17]

셋째, 약품이 몹시 부족한 것과 달리 음료수는 손쉽게 구할 수 있었다. 식수를 구하는 일이 오히려 더 어려웠다. 아무리 궁벽한 곳의 작은 상점이라도 청량음료를 갖추고 있었다. 음료수 판매망이 잘 갖춰진 덕분이었다.

이 세 가지를 결합하면 국제원조기구가 오랫동안 고민해온 의료 문제를 해결할 수 있었다. 청량음료 병들 사이에 지사제를 넣으면 어떨까? 이런 질문에서 비롯된 콜라라이프(ColaLife)라는 비영리사업을 위해 음료 운반상자의 병들 사이 빈 공간에 끼워 넣을 수 있는 쐐기형 약품 포장이 고안되었다. 운반상자 무게는 거의 늘어나지 않았다. 부모들이 서너 시간을 걸어 보건소에 가는 대신 동네 가게에서 지사제를 1달러에 살 수 있게 됐다.

콜라라이프의 코스토베이션은 동일한 목적, 이 경우에는 사하라 사막 이남 아프리카 전역에 제품을 공급하는 목적을 지닌 비즈니스와 자원을 공유함으로써 이루어졌다. 이는 '협력 운송' 혹은 '공급망 공유'라고 불린다.

코스토베이션 특성: 콜라라이프		
돌파구를 찾는 시선	끊임없는 집중	경계를 넘어서는 혁신
대부분의 기업은 독자적 공급망 구축을 중요하게 여긴다. 콜라라이프는 새로이 망을 만들 필요가 없다고 보았다.	다양한 보건 문제가 존재했지만 사하라 사막 이남 아프리카의 설사병을 치료한다는 단일 목적에 집중했다.	쐐기형 약품 포장을 고안했다. 하지만 혁신의 핵심은 제품이 유통되는 방식에 있다. 나름의 공급망을 만들지 않고 청량음료 운반상자의 빈 공간을 이용한 것이다.

또 다른 예를 보자. 트럭 운송에는 공간과 무게라는 두 가지 제한 요소가 작용한다. 타일과 석재를 생산하는 댈타일(Daltile)은 트럭 공간의

20퍼센트만 채워도 무게가 차버린다. 반면 상대적으로 가볍고 부피가 큰 제품을 운송해야 하는 월풀(Whirlpool)은 트럭 공간을 다 채워도 허용 무게의 겨우 20퍼센트가 찰 뿐이다. 작고 무거운 화물과 크고 가벼운 화물을 트럭에 같이 싣자 두 회사의 비용은 20~30퍼센트 줄었다. 탄소 발자국이 줄어 환경에도 기여할 수 있었다. 공유경제는 서서히 모든 업계로 확산되는 중이다. 하지만 공유경제의 이점을 누리기 위해 스타트업이 출현하기를 기다릴 필요는 없다. 협력관계만으로도 충분히 혜택을 볼 수 있다.

공유경제는 창의적이고 과감한 비용절감 방법을 찾는 기업, 그러면서 예상과 관행을 뛰어넘는 협력관계를 구축할 수 있는 기업에게 잘 맞는 전략이다. 시간이 흐르면서 이러한 전략은 일상적인 것이 되고 있다. 예를 들어 시장조사 기관들은 동일한 인구집단에게 실시하는 조사를 함께 진행한다. 개개 기관의 조사를 따로 설계해 실시하는 대신 설문을 모아 한꺼번에 응답을 받는 것이다.

• 공유경제는 모든 업계에 적용 가능한 전략이기는 하지만 특히 자산 집중이 큰 통신산업 등에 유용하다. 많은 통신사들이 다른 측면에서는 경쟁하면서도 통신탑은 공유한다. 이는 고객이 별로 주목하지 않는 영역에서 비용을 낮추고 중요한 다른 영역에 집중하기 위한 방법이다.
• 특정 지역이나 한 고객층에 초점을 맞춘 협력관계로 작게 시작하라.

전략적 차별화가 아닌 지점에서 출발해 다른 영역으로 확대하라.

전략 19 정반대의 기업이 협력하는 방식 : 가치사슬의 상호보완

기업의 자산은 불균형하게 사용되곤 한다. 가득 채워 출발한 트럭은 돌아올 때는 텅 빈 상태이다. 피크 시즌에는 창고가 꽉 차지만 비수기에는 아예 필요 없을 정도이다. 제조라인은 수요가 넘칠 때 과부하가 걸리지만 아닐 때는 놀린다. 성수기와 비수기의 문제를 비즈니스의 어쩔 수 없는 부분으로 여기는 기업이 많지만 꼭 그런 것은 아니다. 성수기가 정반대인 기업이 협력하면 자산을 새로이 활용할 수 있다.

시카고의 스타트업 로키스 베버리지(Rocky's Beverages)는 세계 최초로 카페인 소다수를 개발했다. 상황이 안정되지 않은 초창기에 장기 창고 임대는 부담스러운 일이었다. 다른 한편 한 크리스마스 장식품 판매업체는 연말 몇 달 동안만 창고 공간이 가득 차고 그 외에는 여유가 있었다.

그리하여 두 회사는 서로 유익한 협력관계를 맺었다. 크리스마스 장식품 판매업체가 봄과 여름철에 로키스 베버리지에 창고를 재임대한 것이다. 크리스마스 장식품 판매업체는 창고 임대료 일부를 절약했고 로키스 측은 판매가 많은 여름철에 간절히 필요했던 공간을 얻었다. 창고인력이나 설비를 별도로 마련할 필요가 없었으므로 로키스는 추가적인 비용절감 효과도 거두었다. 음료회사와 장식품 판매회사는 반대되는 특성을 결합해 공생을 이뤄냈다. 이 경우에는 중개 플랫폼이 활용되었지만 실상은 브로커 없이도 가능한 협력이다.

코스토베이션 특성: 크리스마스 장식품 판매업체		
돌파구를 찾는 시선	끊임없는 집중	경계를 넘어서는 혁신
성수기와 비수기의 문제가 비즈니스의 어쩔 수 없는 부분은 아니다.	한 해의 상당 기간 동안 비어 있는 창고 공간에 초점을 맞추었다.	창고 공간을 공유하는 혁신은 공급망 안쪽 깊숙한 곳에서 일어났다.

물리적 제품이 아니어도 이 전략은 활용 가능하다. 트랜스퍼와이즈(TransferWise)는 서로 반대되는 방향의 외화 환전을 원하는 사용자들을 연결해 비용을 절약해주는 스타트업이다. 파운드를 유로로 바꾸려는 사람이 있다고 하면 트랜스퍼와이즈가 반대 방향, 그러니까 유로를 파운드로 바꾸려는 사람을 찾아준다. 실시간 환율을 적용해 파운드와 유로가 각각 결제된다. 돈이 실제로 국경을 넘지는 않는다. 고객은 은행 수수료를 절약하고 부당한 환율로 손해를 입을 염려도 없다.

이러한 혁신은 성수기와 비수기가 뚜렷한 영역에서 등장한 전략이지만 물리적 자산과 추상적 자산 모두에 적용할 수 있다. 자원이 얼마나 낭비되는지 예측이 가능해야 효과를 거둘 수 있다.

- 상호보완은 공급망 여기저기서 가능하다. 창고, 집하센터, 트럭 운송 등이 주된 지점이다.
- 기업 내부부터 살피는 것을 잊지 말라. 내부 팀들이 서로를 보완할 수도 있다. 이는 외부와 협력하는 것보다 훨씬 더 빠르고 위험부담도 적다.

실행하기

- 비즈니스에서 낭비되고 있는 요소를 찾아보라. 트럭이 빈 채 돌아오는가? 비수기 동안 창고 공간은 얼마나 남아도는가?
- 비수기가 반대이거나 필요한 바를 서로 보완할 수 있는 기업을 찾아보라. 급속히 성장하는 분야나 업체에 관심을 기울여라.
- 기업 내 서로 다른 제품이나 팀들 간 협력 가능성을 검토하라.

전략 20 공급업체의 전략목표를 어떻게 도울까
: 가치사슬의 생산성 향상 지원하기

　리앤펑(Li&Fung)은 토미힐피거(Tommy Hilfiger)나 애버크롬비앤피치(Abercrombie&Fitch) 같은 서구 브랜드가 아시아 제조공장을 찾는 경우 수십 년 동안 늘 중개 역할을 해왔다. 하지만 회사의 성장세가 꺾이기 시작하면서 리앤펑은 다른 접근법을 모색해야 했다.

　리앤펑은 자사의 서비스 성공 여부가 협력업체에 달려 있음을 깨달았다. 협력공장이 생산을 못하면 리앤펑도 어려워졌다. 결국 해결책은 공급업체를 발전시키고 성장시키는 것이었다. 리앤펑은 공급업체의 생산력을 높이기 위해 해줄 수 있는 일이 무엇일지, 공급업체가 이루고자 하는 목표는 무엇이고 어떻게 달성할 수 있을지 고민하기 시작했다.

　방글라데시의 공장들이 융자를 받고 싶어 한다는 것을 안 리앤펑은 금융기관을 연결해 구매와 재고유지에 필요한 자금을 확보하게 해주었다. 중국과 인도의 공장들을 상대로는 다년간의 전문 경험을 살려 더 효율적이고 원활하게 공정이 운영되도록 도왔다. 그 결과 몇몇 공장에서는 반년 만에 생산성이 90퍼센트까지 치솟았다.[18] 리앤펑의 협력공장들이 연간 더 많은 프로젝트를 수주할 수 있고 고객사들은 더 좋은 품질의 의류를 더 신속하게 납품받을 수 있다는 의미였다.

이후 리앤펑은 공급업체 지원 서비스를 새로운 비즈니스 모델로 묶음으로써 새로운 매출 흐름을 만들었고 핵심사업의 공급 사슬 가치를 더 높일 수 있었다.

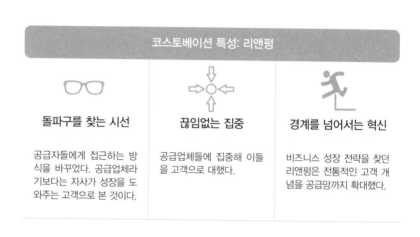

코스토베이션 특성: 리앤펑		
돌파구를 찾는 시선	**끊임없는 집중**	**경계를 넘어서는 혁신**
공급자들에게 접근하는 방식을 바꾸었다. 공급업체라기보다는 자사가 성장을 도와주는 고객으로 본 것이다.	공급업체들에 집중해 이들을 고객으로 대했다.	비즈니스 성장 전략을 찾던 리앤펑은 전통적인 고객 개념을 공급망까지 확대했다.

가치사슬 강화는 비즈니스를 더 효율화하고 나아가 리앤펑이 그랬듯 새로운 매출 발생으로 이어질 수 있다. 이는 여러 산업 분야에 광범위한 적용이 가능하지만 규모의 경제효과를 보는 대기업에 특히 적합하다. 이들 기업은 공급자들에게 여러모로 힘을 실어줄 수 있는 위치에 있다.

- 고객을 평가하기 위한 시장조사 기법을 공급업체 평가에 적용하라. 기본 동기, 행동의 계기, 전략목표를 가로막는 장애물, 불만 지점으로 구분해 접근하는 하버드 경영대학원 클레이튼 크리스텐슨 (Clayton Christensen) 교수의 방식이 유용하다.
- 우선 한두 공급업체와 소규모로 협력을 시작해보고 이후 더 넓게 확대하라.

실행하기

- 더 긴밀한 관계를 맺고 싶은 공급업체를 선정하라. 그 공급업체들이 이루고 싶은 바가 무엇인지, 장애물은 무엇인지 검토하라. 일대일 만남을 통해 이런 정보를 얻을 수 있다. 다음으로는 회사의 능력과 전략목표 내에서 공급업체의 전략목표를 어떻게 도울 수 있을지 방법을 모색하라.

코스토베이션 전략을 실행할 분야

고객 눈에 보이는 혁신	고객 눈에 보이지 않는 혁신
① 제품과 서비스	② 제품을 만드는 방식 ③ 제품을 전달하는 방식 ④ 제품을 판매하는 방식 ⑤ 업계 생태계와의 파트너십

코스토베이션 is coming

코스토베이션으로 어떻게 상황을 바꿀 수 있을지 검토하라.
당신이 하지 않는다면 다른 누군가가 할 것이다.

코스토베이션의 도래를 알려주는 일곱 개의 지표

"모든 것은 타이밍이다. 너무 이르면 아무도 이해하지 못한다. 너무 늦으면 모두 잊어버린다."《보그*Vogue*》편집장 안나 윈투어(Anna Wintour)가 한 말이다.

혁신 컨설턴트인 저자들도 타이밍에 대한 질문을 많이 받는다. 새로운 시장은 언제 나타날까? 남들이 따라오기까지 얼마나 시간이 남아 있을까? 새로운 아이디어를 실현할 최적의 시점은? 코스토베이션은 언제 하는 것이 적절할까?

정확하게 미래를 예측할 수 있는 사람은 없다. 하지만 다가올 상황을 알려주는 지표는 존재한다. 이 장에서는 코스토베이션이 시장을 강타하기에 앞서 나타나는 일곱 개 지표를 소개하겠다. 당신이 속한 업계나 제품군에 하나 이상의 지표가 해당된다면 긴장해야 한다. 변화가 다가오고 있다. 당신이나 경쟁자 중 누군가가 그 변화를 선도하게 될 것이다.

코스토베이션의 도래를 알려주는 일곱 개의 지표

> **1** 값비싼 속성. 몇 가지 속성 때문에 비용이 많이 든다.

> **2** 값비싼 고객. 몇몇 고객들 때문에 비용이 많이 든다.

> **3** 값비싼 판매. 제품이 아니라 판매과정에서 비용이 많이 든다.

> **4** 지나치게 표준화된 제품. 고객 수요가 다양한데도 결과물은 표준화되어 있다.

> **5** 지나치게 표준화된 판매방식. 모든 고객에게 똑같은 방식으로 판매된다.

> **6** 비용 불균형. 비용 대비 매출 비율이 적당하지 않은 부분이 있다.

> **7** 과도한 배려. 모든 경우를 염두에 둔 시스템이다.

✔ 비용을 높이는 속성을 찾아라

: 지표 1 값비싼 속성

시간이 흐르면서 기업은 새로운 프로그램, 추가적인 속성, 고급 사양을 추가하는 경향이 있다. 잘라내고 빼버리는 일은 없다. 있던 속성을 없애면 고객의 신뢰에 금이 가는 일이 많고 그러니 계속 무언가를 더 해나가면서 고객을 유지하는 편이 쉽다. 하지만 추가되는 모든 것이 똑같이 의미 있지는 않다. 일부는 차별화에 기여하지만 비용만 높이는 것들도 있다. 값비싼 옵션이 그대로 값비싼 기본 속성이 되는 상황이라면 긴장해야 한다. 누군가가 그 가치 구성에서 상대적으로 덜 중요한 부분을 빼버림으로써 비용을 획기적으로 낮출 기회이기 때문이다.

마트의 사례를 보자. 세이프웨이(Safeway)를 비롯한 전통적인 슈퍼마켓은 식료품뿐 아니라 화장지, 그릇, 술, 크리스마스 카드 등 무엇이든지 한자리에서 살 수 있는 다양한 상품을 자랑한다. 그 많은 상품을 관리하면서 들어가는 막대한 비용은 반대급부이다. 매장과 집하센터는 모든 상품을 전시하고 쌓아둘 만큼 커야 한다. 직원들은 상품을 관리하느라 동동거린다. 월마트 고객은 15만 종의 상품을 구입할 수 있다. 1975년에 슈퍼마켓 매장당 평균 9000개의 상품이 있었던 것과 비교하면 어마어마한 규모다. 그러나 고객들이 이를 꼭 반기지는 않는다. 2014년 《컨슈머리포트 *Consumer Reports*》 조사에 따르면 구매과정에서 정보가 너무 많아 힘들다고 한 고객들이 30퍼센트에 달했다. 연구자들이 실제로 마트 진열대를 살펴보았더니 프링글스 감자칩은 아홉 종류, 헤드앤숄더 샴푸는 25종류, 캠벨수프는 74종류에 달했다고 한다.

선택의 다양성을 추구하면서 공급망 곳곳에 생기는 병목 현상에 주목한 독일계 슈퍼마켓 체인 리들(Lidl)은 다른 방식으로 접근했다. 보통 25개에서 30개에 달하는 진열대 통로를 여섯 개로 줄여버린 것이다. 첫 번째 통로만 끝까지 거쳐 가도 평균적인 쇼핑 품목 80퍼센트를 해결할 수 있다. 피클 종류는 열 가지가 아니라 딱 두 가지 뿐이다. 재고관리가 단순해졌고 공급가격도 낮출 수 있었다. 고객 입장에서는 매주의 식료품 구매비용이 35퍼센트~40퍼센트 절약되었다.[2] 리들의 대상고객 입장에서 그 정도의 할인이라면 선택의 폭이 제한되는 상황을 충분히 감수할 만했다.

코스트코의 전략도 마찬가지다. 여기서 치약을 사는 사람은 다양한 상품 중에서 고르려는 이가 아니다. 대신 충분히 저렴한 가격을 기대한다. 코스트코 매장에는 평균 4000개 상품이 있는 반면 대형마트 타겟(Target)에는 8만 개가 있다. 리들과 코스트코는 비용을 높이는 속성, 즉 다양한 선택 가능성에 주목했고 이를 없앰으로써 엄청난 비용을 절약했다.

• 비용을 높이는 속성을 찾아내라. 이를 없애거나 투자 대비 수익을 향상시킬 방법을 강구하라.

요구가 많고 복잡한 고객들을 찾아내 분리하라

: 지표 2 값비싼 고객

비용은 제품이나 서비스의 속성 때문이 아니라 요구가 많고 복잡한 고객층 때문에 높아질 수 있다. 추가적인 배려를 요구하고 남들과 다른 절차를 기대하는 이들이다. 이런 고객을 찾아내 분리하는 것은 전체 비용을 줄일 수 있을 뿐 아니라 대상고객을 더 잘 선정해 맞출 수 있는 기회이다.

온라인 오픈 강좌가 일반화되고 졸업생들의 구직난 때문에 고등교육이 곧 붕괴될 것이라 예견하는 전문가들이 많다. 십 년만 지나면 실제로 많은 대학이 합병하거나 폐교될 수 있다. 이 와중에 대학들은 재학생이 줄어드는 문제까지 안고 있다. 중간에 학교를 그만두어 자리를 비게 만드는 학생이 대학 입장에서는 가장 비싼 학생이다. 2013년 교육정책연구소(Educational Policy Institute)는 학부생 한 명을 채우는 데 드는 비용이 5460달러이고 중간에 그만두는 학생들 때문에 대학이 연간 수백 만 달러의 손실을 보고 있다고 분석했다.[3]

온라인 교육 기관인 아메리칸밀리터리 대학(American Military University)에는 이런 문제가 없다. 결단력과 끈기가 있는 고객층, 즉 현역 및 예편 군인을 대상으로 하는 덕분이다. 대상고객이 잘 선정되고 중도 탈락이 적기 때문에 이 학교는 수업료를 낮출 수 있었다(학부의 경우 학점당 270달러로 다른 학교의 400달러보다 훨씬 저렴하다).

고등교육에서 중도탈락 위험이 높은 학생들은 학교 예산을 과도하게 낭비한다. 의료계에서도 비슷한 현상이 일어난다. 미국 환자의 1퍼센트가 전체 의료비용의 22.7퍼센트를 소모한다.[4] 고객을 잘 분석하라. 어떤 고객층이 회사에 비용을 발생시키는가?

- '값비싼' 고객을 더 효율적으로 대할 방법을 강구하라. 아니면 다른 고객층에 집중하는 전략적 선택을 내려라.

✔ 제품보다 비싼 판매과정

: 지표 3 값비싼 판매

세 번째 지표는 판매과정이 길고 복잡한 것이다. 영업인력이 제품 자체보다 더 많은 내부 비용을 쓰고 있다면 코스토베이션의 가능성이 무르익은 상태이다. 제품을 판매하는 방식에서의 혁신 말이다.

사업가이자 와인 애호가인 캐머런 휴스(Cameron Hughes)는 2001년에 와인 시장을 바꿔놓으면서 바로 그런 코스토베이션을 해냈다. "평생 와인 업계에 몸담으면서 알아낸 것은 와인은 만드는 것보다 판매하는 데 더 많은 비용이 든다는 점이었습니다."[5] 휴스의 말이다. 와인 시장에서 대부분의 비용은 미국의 3단계 주류 공급체계에 기인한다. 와인 한 병이 만들어지면 공급업자, 도매상, 소매상을 차례로 거치며 부가비용이 많게는 200퍼센트 이상 따라붙는다.[6] 와인 재고는 떨이 시장으로 나가 저급 와인과 혼합된 후 무명 브랜드로 팔린다.

이 길고 복잡한 판매망은 코스토베이션의 가능성을 활짝 열어주었다. 휴스는 세계 정상급 와인 생산업체를 찾아다니며 재고를 사들였다. 그리고 자기 브랜드로 병 라벨을 바꾸었다. 와인 생산업체는 재고를 치운다는 것에, 그리고 자기 브랜드를 할인 판매할 필요가 없다는 것에 만족했다. 소비자들은 100달러짜리 고급 포도주를 30달러에 살 수 있다는 데 환호했다. 캐머런 휴스 와인은 무척 저렴한 비용으로 프리미엄 비즈니스를 개척했다. 포도밭도, 와인 생산공장도 없다. 코스토코에서

만 판매하므로 중간 상인을 끼울 필요도 없다.

마케팅이나 세일즈에 혁신이 적용되는 일은 지금까지 매우 드물었지만 일단 실현되면 그 영향력이 막강하다. 업계를 분석해 전통적인 판매 방식에서 코스토베이션의 여지가 없는지 확인하라.

• 전통적인 판매망을 우회할 새로운 방법을 찾아라. 그리고 제품이 판매되는 방식을 코스토베이션하라.

✔ 불만이 있는 고객에게 집중하라
: 지표 4 지나치게 표준화된 제품

다음 코스토베이션의 기회는 제품과 서비스 자체에 있다. 제품과 서비스가 지나치게 표준화되어 있어 다양하고 독특한 요구를 지닌 고객들에게 한 가지를 강요하고 있지는 않은가? 이런 상황이라면 일부 고객층이 현재 상황에 불만을 느끼게 되고 상황과 욕구에 맞는 대안이 나타나면 설사 완벽하지 않을지라도 바로 그쪽으로 돌아설 수 있다.

다시 교육 얘기를 해보자. 이번에는 초등학교이다. 지난 20년 동안 사립학교 교육비는 인플레이션보다 더 빠른 속도로 상승했고 뉴잉글랜드 지역 사립학교 평균 학비는 연 3만 5000달러에 이른다. 부모들도 이를 알아차려 자녀를 사립학교에 보내는 중산층 가구는 같은 기간 동안 절반으로 줄었다.[7]

이런 시장 상황은 다양한 코스토베이션을 유발했다. 그중에는 로드아일랜드의 프로비던스에 생겨난 마이크로스쿨(micro school)도 있다. 창립자 마이클 골드스타인(Michael Goldstein)은 앞서 4장에서 소개했던 브리지 국제 아카데미를 세운 사람이기도 하다. 마이크로스쿨은 사립학교의 절반 비용으로 고품질 교육을 제공한다는 목표로 운영된다. 핵심 요소만 남기고 단순화하는 것이 전략이다. 교사 외의 관리인력은 없다. 방과 후 프로그램도 없다. 기본 교과목을 충실하게 가르칠 뿐이다.

마이크로스쿨은 자녀들의 과외 활동을 책임질 의향이 있는 부모들에게는 완벽한 방식이다. 수십 년 동안 이어져온 구태의연한 활동에 참여시키는 대신 아이의 관심과 흥미에 맞춰 활동을 선택할 수 있다는 것에 기뻐하는 부모들도 분명히 존재한다. 마이크로스쿨은 초등교육이라는 극도로 표준화된 서비스를 보다 저렴하고 유연한 형태로 재구성했다.

• 현재의 방식에 불만이 있는 고객들에 집중하라. 이들이 파괴적 혁신의 출발점이 될 것이다.

✔ 모든 고객의 요구가 똑같지는 않다

: 지표 5 지나치게 표준화된 판매방식

많은 기업이 어느 고객에게든 동일한 방식으로 제품과 서비스를 판매한다. 관리하기에 편한 방법이기에 기업들은 더 나은 대안을 고민하지 않는다. 하지만 모든 고객의 요구가 똑같지는 않다. 모든 고객에게 동일한 방식으로 판매하는 기업은 일부 고객층을 겨냥해 그 요구에 잘 들어맞는 방식으로 판매할 가능성을 놓치고 있다.

2000년대 말 의료기기업체 메드트로닉(Medtronic)은 심장 박동기와 세동 제거기 사업에서 막대한 수익을 내면서도 위험을 감지했다. 자사의 심박동 장비는 최고의 기술적 지원과 교육을 내세웠고 이를 바탕으로 수십 년 동안 성장을 지속했지만 이런 서비스가 굳이 필요하지 않은 고객 수요가 커지고 있었다. 심장 박동기와 세동 제거기를 이미 익숙하게 사용하고 구매 주기가 일정하며 교육이나 애프터서비스가 필요 없는 고객, 바로 병원이었다. 이런 고객은 경쟁자들의 저가 제품으로 금방 돌아설 수 있었다. 특히 노년 환자 치료 비용이 급격히 올라가 재정 압박을 받고 있는 유럽 병원들이 그랬다.

대응방안으로 메드트로닉은 유럽 병원들을 위한 저가형 옵션 업체 나야메드(NayaMed)를 설립했다. 심장 기기에 대한 이해가 충분해 별도의 마케팅이 필요 없는 의사들을 공략했고 출장 세일즈 인력을 없애면서 온라인에서 제품을 판매하고 현장교육 대신 동영상을 제공했다. 더나아가 병원 측의 편이성을 더욱 높이기 위해 환자의 심장박동에 맞춰 장비를 직접 조정하는 기능을 한층 편리하게 만들었다. 의사가 열 개넘는 수치를 확인해야 하는 시간을 줄인 것이다. 그렇다고 나야메드가 그저 줄이기만 한 것은 아니다. 재고관리 서비스를 강화해 의사가 아닌 병원 구매 담당자들의 일처리를 쉽게 했다.

심장 박동기를 개발하고 고수익 서비스에 특화된 기업에게 이러한 코스토베이션이 쉬운 선택은 아니었다. 하지만 이를 통해 메드트로닉은 빠져나가고 있던 고객층을 붙잡았고 경쟁자들의 파괴적인 저가 마케팅을 차단할 수 있었다.

- 요구가 과소 혹은 과대 충족되고 있는 고객층을 찾아내라. 핵심 요구를 제대로 충족시키는 새로운 접근법을 고안하라.

✔ 비용 대비 매출 비율이 맞지 않는다면
: 지표 6 비용 불균형

특정 활동에서 비용과 수익이 균형을 이루지 못하는 상황, 수익 대비 비용이 너무 높거나 낮은 상황이 여섯 번째 지표이다. 가격을 조정하거나 값비싼 속성을 재검토해볼 수 있다.

맥도날드는 커피 시장의 비용 불균형을 파고들었다. 미국 커피 시장의 양대 라이벌은 던킨도너츠(Dunkin' Donuts)와 스타벅스이다. 두 회사 모두 도넛, 스콘, 샌드위치 등 먹을 것을 판매하지만 진짜 수익은 음료에서 나온다. 스타벅스의 7달러짜리 프리미엄 커피 생산원가는 1.3달러로 추정된다. 던킨의 경우에도 전문가들은 마진이 95퍼센트에 달할 것으로 본다.[8]

맥도날드는 이와 다르게 접근했다. 던킨과 스타벅스처럼 커피에서 수익을 챙기는 대신 1달러부터 시작하는 저렴한 커피를 내놓은 것이다. 비용 대비 적절한 가격이었고 특히 아침 시간에 고객을 구름처럼 불러 모으는 효과가 나타났다. 수익은 먹거리에서 확보하면 되었다.

업계를 살펴보라. 전통적으로 마진이 높은 제품이 무엇인가? 그 상황을 뒤집을 가능성을 찾는다면?

- 가치에 합당하게 가격을 조정하여 업계에서 존재를 부각시켜라.

✔ 모든 경우를 염두에 두지 마라

: 지표 7 과도한 배려

완벽하고 과도할 정도로 충실한 배려는 매력적이다. 원스톱으로 모든 것이 해결되는 상황을 누구든 원치 않는가? 하지만 모두가 전능할 수는 없고 그래야 하는 것도 아니다. 드문 상황에 미리 대비하는 것은 많은 경우 불필요하다. 과도한 배려가 일반화된 산업이나 제품이라면 과감한 코스토베이션의 기회가 숨어 있다.

마지막으로 액자 가게에 가본 것이 언제인가? 마흔 살 미만이라면 아마 기억조차 없을 것이다. 한 번도 가본 적이 없을 테니까. 액자 가게는 미술관 분위기를 풍긴다. 벽에 '수천 개' 액자가 걸려 있고 탁자 위에는 액자 바탕천이 흩어져 있다. 액자 안에 넣으려는 것은 출력한 디지털 사진일 수도, 학위증일 수도, 아기 양말일 수도 있다. 고객은 직원이 딱 맞는 크기와 형태의 액자를 만들어주리라 기대한다. 물론 비용이 만만치 않다. 액자의 가격 구조는 불투명하고 수백에서 수천 달러까지 쉽게 올라간다. 액자 가격이 그렇게 높은 것은 상상할 수 있는 온갖 액자가 필요한 상황에서 규모의 경제가 불가능하기 때문이다. 액자 가게는 주문이 들어오면 필요한 재료를 소량 주문한다. 액자가 완성되기까지 몇 주 걸리는 이유도 여기 있다.

3700만 달러가 넘는 벤처 캐피털을 유치한 스타트업 프레임브리지(Framebridge)는 접근법을 바꾸었다. 무한히 많은 선택 가능성을 제공하는 대신 가장 일반적인 스무 가지 모델로 범위를 제한했다. 온라인이나 우편으로 주문한 고객은 39달러에서 139달러의 비용으로 사흘 만에 완성품을 받을 수 있다. 프레임브리지는 액자를 제작하는 일 자체를 쉽고 저렴하게 만들었다. 고객의 3분의 1이 액자를 처음 만들어보는 이들이다.[7] 이 회사는 액자 제작이 생각보다 큰 시장이라는 점을 증명했다.

모든 가능한 상황을 배려하는 맥락에서 비롯되는 또 다른 코스토베이션 사례는 병원이다. 우리는 건강에 문제가 생겼을 때 가장 혼란을 느끼고 요구사항도 많아지지만 그렇다고 모든 병원이 모든 준비를 다 해야 하는 것은 아니다. 수요가 적고 비용이 높은 요소를 없앤다면 전체적인 의료비용을 줄이고 중심 의료 활동에서 탁월함을 보일 수 있다. 미닛 클리닉(Minute Clinic)이 바로 그렇게 하고 있다. 경미한 질환이나 부상 치료, 만성질환 모니터링, 예방주사 접종 등의 기본 의료서비스를 저렴한 비용과 최소 대기시간으로 제공한다. 감기나 축농증보다 더

중한 증세는 미닛 클리닉의 치료 범위를 넘어서므로 다른 병원으로 보낸다.

- 어디서 싸울 것인지 선택하고 가장 효과적인 부분에 집중하라.

이상 일곱 가지 지표는 코스토베이션이라는 폭풍을 예견하는 빗방울과도 같다. 당신 회사나 업계에 해당되는 지표가 있다면, 더욱이 둘 이상의 지표가 나타나고 있다면 코스토베이션으로 어떻게 상황을 바꿀 수 있을지 검토해야 한다. 당신이 하지 않는다면 다른 누군가가 할 것이다. 이는 시간문제일 뿐이다.

코스토베이션이 당신 업계에 다가오고 있는지 확인하기 위한 지표 일곱 가지가 여기 있다. 하나나 그 이상이 당신 상황에 적용된다면 분석이 필요하다. 성장을 가속화하고 시장 내 지위를 굳건히 할 코스토베이션의 가능성이 가까이 있다.

1. 값비싼 속성. 몇 가지 속성 때문에 비용이 많이 든다.
- 비용을 높이는 속성을 찾아내라. 이를 없애거나 투자 대비 수익을 향상시킬 방법을 강구하라.

2. 값비싼 고객. 몇몇 고객들 때문에 비용이 많이 든다.
- 값비싼 고객을 더 효율적으로 대할 방법을 강구하라. 아니면 다른

고객층에 집중하는 전략적 선택을 내려라.

3. 값비싼 판매. 제품이 아니라 판매과정에서 비용이 많이 든다.
- 전통적인 판매망을 우회할 새로운 방법을 찾아라. 제품이 판매되는 방식을 코스토베이션하라.

4. 지나치게 표준화된 제품. 고객 수요가 다양한데도 결과물은 표준화 되어 있다.
- 현재의 방식에 불만이 있는 고객들에 집중하라. 이들이 파괴적 혁신 의 출발점이 될 것이다.

5. 지나치게 표준화된 판매방식. 모든 고객에게 똑같은 방식으로 판매 된다.
- 요구가 과소 혹은 과대 충족되고 있는 고객층을 찾아내라. 핵심 요 구를 제대로 충족시키는 새로운 접근법을 고안하라.

6. 비용 불균형. 비용 대비 매출 비율이 적당하지 않은 부분이 있다.
- 가치에 합당하게 가격을 조정하여 업계에서 존재를 부각시켜라.

7. 과도한 배려. 모든 경우를 염두에 둔 시스템이다.
- 어디서 싸울 것인지 선택하고 가장 효과적인 부분에 집중하라.

다른 전략과 어떻게
조화시킬 것인가

경쟁자들을 이기는 최고의 방법은 비즈니스 깊숙한 곳까지 혁신하는 것이다.
이렇게 만들어진 비즈니스 모델은 함부로 모방하기 어렵다.

코스토베이션과 결합시키는
성장 전략

저자로서 수백 개에 이르는 코스토베이션 사례를 검토하면서 우리는 그 다양한 방식에 놀랐다. 자신을 차별화하고 업계를 재정의하거나 시장에 새로운 산소를 주입하는 식의 공격 차원에서 코스토베이션을 이룬 기업들이 많았다. 애초에 코스토베이션이 우리의 관심을 끈 것도 이런 측면, 즉 고객의 요구를 더 잘 충족하면서 동시에 가격을 낮추는 플래닛피트니스나 피카르 같은 사례였다.

다른 한편 경쟁적인 거대 세력에서 자신을 보호하거나 방어하기 위해 보다 조용한 방식으로 코스토베이션을 도입한 사례도 있었다. 그중에는 실제로 위험에 처했던 기업들도, 경제위기나 불안정성, 대상 고객층이 흔들릴 가능성을 사전에 포착한 기업들도 있었다.

다음은 기업들이 코스토베이션을 공격 혹은 방어 전략과 결합시킨 여섯 가지 방법이다.

코스토베이션을 통한 공격 전략	코스토베이션을 통한 방어 전략
제품과 서비스가 간과하는 시장 겨냥하기	저가 경쟁에 맞서 시장 지위 방어하기
업계 파괴하기	거시경제, 인구, 고객 특성 변화 따라잡기
신흥시장에 진출하기	경제적으로 취약한 위치의 고객을 겨냥하고 불황 대비책 마련하기

✔ 코스토베이션을 통한 공격 전략

새로운 시장을 창조하고 선점하는 도구

현재의 제품이나 서비스를 접하지 못한 고객들, 요구가 충족되지 못하거나 요구가 무엇인지 규명되지도 못한 고객들이 아주 많다. 코스토베이션은 이전에 존재하지 않던 시장을 창조하고 선점하기 위한 도구이다.

예를 들어 법률 서비스는 복잡하고 비싸기로 악명이 높다. 안 그래도 신경 쓸 일이 많은 중소기업 사장들은 전통적인 법률 서비스를 받을 시간적, 금전적 여유가 없다. 그래서 온라인 자료를 읽어보거나 떠도는 상식에 의존한다.

리걸줌(LegalZoom)은 표준화된 계약서를 만들어주는 웹사이트이다. 서비스 범위는 기업 업무문서, 상표, 그리고 유언장으로 제한된다. 하지만 비용은 매우 저렴하다. 유한책임회사를 설립하기 위한 서류작업이 149달러에 해결될 정도이다. 연 360달러를 내면 무제한 자문을 받을 수도 있다. 다른 변호사의 한 시간 상담료에 불과한 액수다. 서비스 범위를 제한하고 장애물을 제거함으로써 리걸줌은 다른 방식으로는 확보하지 못했을 법률 서비스 소비를 가능하게 만들었다.

• 고객을 연구하는 데 더해 자사의 제품이나 서비스를 소비하지 않는 사람들도 조사할 필요가 있다. 그들이 고객이 되는 것을 막는 장애 요인은 무엇인가? 제품이나 서비스의 방향이 원하는 것과 다를 수도 있고 가격, 접근성, 지식 등 다른 장애물이 있을지도 모른다. 그 장애를 넘어서보라.

제대로 대우받지 못한 고객을 겨냥하는 산업 파괴자

코스토베이션으로 산업을 파괴한 기업들은 첫 시작이 워낙 소박해 업계의 거물이 미처 주목하지 못한다는 이유로 산업 파괴자라 불린다. 직접배송 모델로 면도기 업계를 뒤흔든 온라인 회사 달러 셰이브 클럽 (Dollar Shave Club)을 보자. 새롭고 멋진 제품이 계속 쏟아져 나오는 면도기 시장에서 이 회사는 월 3달러를 내면 교체 가능한 면도날을 보내준다. 우편을 이용하기 때문에 중간 거래상이 필요하지 않다. 면도기 생산은 한국 제조업체에 외주를 주었으므로 달러 셰이브 클럽은 마케팅과 고객 서비스에 집중한다. 자본 투자의 부담도 덜었다. 면도기를 생산하는 거대 업체들은 처음에는 달러 셰이브 클럽을 무시했다. 고객들이 그런 기본 제품에 만족하지 않으리라 여겼던 것이다. 하지만 오판이었다. 불과 5년 만에 달러 셰이브 클럽은 무시하기 어려운 존재가 되었고 2016년, 유니레버가 10억 달러라는 놀라운 가격에 회사를 인수했다.

- '파괴'라는 단어는 새로움으로 해석되는 일이 많다. 이 용어를 도입한 클레이튼 크리스텐슨 교수는 산업 파괴자는 기존에 간과되거나 과도하게 배려되던 고객과 상황을 겨냥하며 가격 인하, 편이성 상승, 완전히 새로운 유형 도입과는 구별된다고 하였다. 진정한 파괴자는 고객 스펙트럼의 저수익 지점에서 시작한다. 업계 거물들이 보지 못하는 지점이다. 코스토베이션은 제대로 대우받지 못한 고객들을 효과적으로 겨냥하는 공식이다.

신흥시장을 개척하는 방식

신흥시장에서 오래 버티는 비즈니스를 만들려면 프리미엄 제품의 저가 모델을 공급하는 것만으로는 부족하다. 새로운 시장은 완전히 다른 접근을 요구하는 경우가 많다. 무료 인터넷 최대 공급업체인 자나(Jana)를 설립한 네이선 이글(Nathan Eagle)의 생각이 바로 그러했다. 휴대폰은 어디에나 보급되어 있다. 20달러까지 내려간 저렴한 가격과 통신 인프라(3G 이상의 통신망에 접속 가능한 사람은 전 세계 인구의 70퍼센트를 넘는다) 덕분이다. 하지만 모바일 데이터는 무척 비싸다. 스마트폰 사용자의 거의 절반은 데이터를 아예 사용하지 못한다.[1]

휴대폰을 소유했지만 데이터 접근권은 살 수 없는 수백 만 명에게 자나는 인터넷 연결을 가능하게 해준다. 광고를 시청하면 무료로 데이터를 쓸 수 있는 모바일 웹브라우저를 제공하는 것이다. 데이터 통신망 사용료를 고객이 아닌 광고 기업이 지불하게 함으로써 자나는 전 세계 45억 인구를 인터넷으로 인도했다. 자나의 모바일 브라우저는 이전 그 어느 것보다 빠르게 성장하고 있다.

- 신흥시장에 접근할 때는 선진국에서 판매하는 제품의 보급판을 제공한다는 단순한 생각을 넘어서야 한다. 그 시장의 수요를 맞추려면 고객에 대한 깊은 이해가 필요하다. 고객이 기꺼이 감수하는 반대급부가 어쩌면 충격을 줄 수도 있다. 다른 곳의 상식과 관행이 완전히 뒤집히는 일이 빈번하기 때문이다.

✔ 코스토베이션을 통한 방어 전략

저가 경쟁에 맞서는 방법

이미 확립된 비즈니스의 경우 코스토베이션은 낮은 가격을 내세우는 경쟁자들에 대항해 시장 지위를 방어하기 위한 중요한 전략이다. 파괴적 혁신 이론에 따르면 기업들은 시장 정상에 도달한 후 어느 시점엔가는 변화의 동력을 잃고 만다. 가장 많은 수익을 내주는 고객을 이미 확보했고 시장이 원하는 속성도 제공하는 상황인 것이다. 이 시점이 아래

로부터의 파괴에 가장 취약한 때이다. 성장을 계속하려면 '아래로의 도약', 즉 접근성과 편이성을 높이면서 비용은 낮추는 방법을 고민해야 한다.

자동차 제조업체 제너럴모터스(General Motors)가 중국 상하이자동차 (SAIC Motor)와 함께 조인트벤처 우링모터스(Wuling Motors)를 세운 것이 바로 그런 전략이었다. 북미에서 GM은 고급차 브랜드였지만 중국에서는 저가 시장에 접근했다. 최고의 인테리어와 최신 기술로 무장한 고급차종 대신 우링모터스는 단순한 밴을 공급한다. 정부의 최소 기준만 맞추어 만들어진 차량은 인테리어는 강화 플라스틱으로 해결하고 에어컨은 옵션이다. 하지만 중국 대도시 바깥의 울퉁불퉁한 길을 잘 견딜뿐더러 좁고 복잡한 도로를 요리조리 빠져나가기에도 편리하다. 우링모터스의 차량은 높은 효율성으로 중국 정부의 저공해 보조금 대상이 되었고 가난한 시골의 수백만 중국인들이 차량을 소유할 수 있게 해주었다. 기본적인 하지만 세심하게 설계된 차량으로 GM은 중국에서 탄탄한 입지를 구축했고 저가 자동차 생산업체의 공세에서 스스로를 보호했다.

당신 조직이 어디서 어떻게 파괴적 혁신의 대상이 될 수 있을지 늘 염두에 두고 선제적인 반응을 모색하는 것이 중요하다. 다음은 파괴 위험이 큰 산업의 여섯 가지 기준이다.

• 업계의 제품이나 서비스가 오랜 기간에 걸쳐 지속적으로 개선되어 왔는가?

- 고객들이 제품의 과거 모델도 충분히 훌륭하다고 생각하는가?
- 새로운 제품이 가격 프리미엄을 얻기 위해 애쓰고 있는가?
- 복잡한 기능을 피하려는 고객, 사용법을 교육받지 못한 고객이 존재하는가?
- 자사 제품을 아예 소비하지 않는 고객들이 있는가?
- 일부 고객층을 위해 제품을 단순화할 여지가 있는가?

업계가 혼란과 불확실에 빠져 있을 때 해야 할 일

코스토베이션은 거시경제나 인구, 고객 특성이 변화하는 상황에서 시장을 선도하는 위치를 유지하기 위한 방법이기도 하다. 이들 압력에 대한 응답이 늘 고가 시장이나 절약인 것은 아니다. 때로는 제품을 다시 만드는 것이 최선이다.

미국 의료업계는 여러 거시적 상황으로 고통을 겪고 있다. 복잡한 치료와 만성질환은 의료비용을 높이고 있다. 특화된 의사들이 늘어나면서 의료시장이 분화되었고 법규 변화는 의료보험 구조를 불확실하게 만들었다. 관리비용은 어마어마하게 늘어났다. 2013년 듀크 대학 병원은 900베드 규모를 유지하면서 수납 직원을 1300명이나 고용한 상태였다.[2]

ENT 인스티튜트(ENT Institute)는 경쟁 병원과는 다른 비즈니스 모델을 도입해 이 변화를 헤쳐나가고 있다. 애틀랜타에 본사를 두고 열여섯 곳에 병원을 낸 이 의료 네트워크는 귀, 코, 목 치료 전문이다. 비용이 많이 드는 응급실을 없애고 수익성 좋은 수술실에 서비스를 집중했다. 그 덕분에 환자들이 부담하는 비용이 경쟁 병원의 20퍼센트~80퍼센트 수준이다. 의사들 수입은 개인 병원을 운영할 때보다 많다. 예를 들어 성인 편도선 수술비용은 미 전체 평균이 4천 달러인 것에 비해 ENT 인스티튜트에서는 2300달러에 불과하다.

• 업계가 혼란과 불확실에 빠져 있을 때, 바로 그때가 코스토베이션의 기회이다. 대규모의 변화 추세를 잘 파악하고 그 영향을 이용해 다른 시나리오를 구상한다면 앞서갈 수 있다. 오랫동안 신봉되던 믿음을 깨뜨리고 코스토베이션 가능성을 구체화할 계기로 압박요소를 활용하라.

불황에 어떻게 대비할 것인가

경제가 호황이라 해도 승자와 패자는 늘 존재한다. 지난 40년 동안 미국 노동자의 노동 생산성이 높아졌고 경제지표도 좋아졌지만 평균임금은 물가상승률을 겨우 따라가는 데 그쳤다. 평균의 이면을 들여다보면 극단적으로 불균형한 성장이 드러난다. 상위 1퍼센트의 수입은 1979년 이후 138퍼센트 높아졌지만 하위 90퍼센트는 15퍼센트 올랐을 뿐이다. 자동화와 인공지능의 영향으로 이런 추세는 더 심해질 것이다. 경제적으로 불리한 위치의 고객들을 겨냥하는 동시에 불황에 대비책이 되어줄 혁신이 필요하다.

고급 백화점을 운영하는 노드스트롬(Nordstrom)이 1970년대에 세운 재고떨이 아웃렛 노드스트롬 랙(Nordstrom Rack)이 바로 그런 사례이다. 랙은 노드스트롬에서 팔리지 않은 재고를 처리하게 해주었고 새로운 고객층에 접근할 기회도 제공했다. 고가 선호 고객과 절약하려는 고객 양쪽을 모두 겨냥하는 전략을 통해 노드스트롬은 프리미엄 비즈니스를 지속하면서도 불황이나 경제위기 상황에서의 안전장치를 마련했다. 오늘날 노드스트롬 랙은 노드스트롬 전체 매출의 40퍼센트를 차지하며 고속 성장하고 있다. 경쟁자들도 가만히 있지는 않는다. 1990년, 삭스 피프스 에비뉴(Saks Fifth Avenue) 백화점은 아웃렛, 오프 피프스(Off 5th)를 열었고 지금은 아웃렛 매장이 백화점보다 두 배나 많다.

- 경제적으로 불리한 위치의 이들을 주목하라. 경제 호황기에도 불황에 대비해 계획을 세워야 한다.

전략		사례
코스토베이션을 통한 공격 전략	제품과 서비스가 간과하는 시장 겨냥하기	리걸줌은 다른 방식으로는 법률 서비스를 구매할 수 없던 고객 집단의 소비를 이끌었다.
	업계 파괴하기	달러 셰이브 클럽은 월 3달러를 받고 우편으로 면도기를 보내주는 비즈니스 모델로 면도기 산업을 파괴했다.
	신흥시장에 진출하기	자나는 모바일 데이터를 구입할 돈이 없지만 대신 광고를 볼 의향은 있는 수백만 명에게 무료 인터넷 서비스를 제공한다.
코스토베이션을 통한 방어 전략	저가 경쟁에 맞서 시장 지위 방어하기	제너럴모터스는 조인트벤처 우링모터스를 통해 좁고 험한 길을 잘 달리는 저공해 차량을 출시함으로써 중국 시장의 저가 경쟁자들에게서 자신을 방어했다.
	거시경제, 인구, 고객 특성 변화 따라잡기	ENT 인스티튜트는 수익성 높은 수술실에 집중하고 비용 높은 응급실을 없애는 방식으로 고비용 구조로 바뀌어가는 의료 산업의 변화를 헤쳐나간다.
	경제적으로 취약한 위치의 고객을 겨냥하고 불황 대비책 마련하기	노드스트롬의 아웃렛 노드스트롬 랙은 회사가 고가 선호 고객과 절약하려는 고객 양쪽을 모두 공략하도록 했고 경제 불황 때도 고객이 유지되게 해주었다.

함부로 모방하기 어려운
비즈니스 모델

코스토베이션이 성공했을 경우 어떤 경쟁적 대응이 나타날 것인지, 이에 어떻게 대비할 것인지 생각해야 한다.

2000년대 초 인기를 누린 비즈니스석 전용 항공사들의 사례를 타산지석으로 삼을 수 있다. 영국항공(British Airways)에서 일하던 데이브 스퍼록(Dave Spurlock)은 회사가 런던~뉴욕 구간의 비즈니스 좌석에서 큰 이윤을 낸다는 것을 알아차렸다. 저렴한 가격으로 비즈니스 좌석 서비스를 제공하는 승부수를 띄우기로 한 그는 2004년 영국항공에서 나와 이오스항공(Eos Airlines)을 창업했다. 런던~뉴욕 구간의 비즈니스 좌석을 상대적으로 저렴하게 제공하는 데 초점을 맞춘 회사였다. 하지만 영국항공, 버진애틀랜틱(Virgin Atlantic) 등 거대 항공사들이 이오스항공을 가만히 두고 볼 리 만무했다. 동일 노선의 항공권 가격을 내린 것이다. 때마침 경제 상황이 악화되고 연료비가 치솟았다. 이오스항공은 2008년에 파산했다.

✔ 이오스와 사우스웨스트의 차이

이오스항공의 문제는 가격이 경쟁사에 비해 약간 낮은 데 불과했다는 점이었다. 전통적인 항공 산업 비즈니스의 틀을 깨고 누구도 따라잡지 못할 저가를 실현한 사우스웨스트항공과는 접근이 달랐다. 이오스항공의 혁신은 표면적인 데 그쳤다. 더 나아가 대형 경쟁사들의 단골 고객 프로그램이나 잦은 운항 편수에 어떻게 대항할 것인지도 준비하지 못했다.

경쟁자들을 이기는 최고의 방법은 비즈니스 깊숙한 곳까지 혁신하는 것이다. 표면적 차원을 넘어선 혁신은 모두에게 분명히 드러나고 공급망, 운영, 마케팅, 고객 서비스 등 여러 부분에 영향을 미친다. 이렇게 만들어진 비즈니스 모델은 함부로 모방하기 어렵다.

혁신을 실천하는 것은 결혼 준비와 비슷하다. 파티를 어떻게 재미있게 만들 것인지에 집중한 나머지 평생에 걸친 공동생활 준비에는 자칫 소홀할 수 있다. 혁신의 길을 가면서 코스토베이션이 시작된 이후 나타날 다양한 상황에 대해 생각하라. 그리고 각 상황에 대비하라.

이 장의 목표는 다른 혁신이 그렇듯 코스토베이션도 유연한 도구임을 보이는 것이다. 최적의 시점에서만 코스토베이션이 가능한 것은 아니다. 물론 도움은 되겠지만 말이다. 또한 코스토베이션은 경제 불황기의 초절약 전략에 그치는 것도 아니다.

기업은 언제 코스토베이션을 시작해야 하며 어떻게 상위전략에 맞춰

나가야 할까? 코스토베이션은 다목적 도구로서 성장의 발판으로도 자기보호 수단으로도 큰 효과를 거둘 수 있다. 성장과 확장을 원하는 기업의 경우 코스토베이션은 다음을 가능하게 한다.

- 제품과 서비스가 간과하는 시장 겨냥하기
- 업계 파괴하기
- 신흥시장에 진출하기

다른 한편 어렵게 쌓은 자산과 시장 지위를 보호하고 싶은 기업의 경우 코스토베이션을 다음과 같이 활용할 수 있다.

- 저가 경쟁에 맞서 시장 지위 방어하기
- 거시경제, 인구, 고객 특성 변화 따라잡기
- 경제적으로 취약한 위치의 고객을 겨냥하고 불황 대비책 마련하기

다음 마지막 장에서는 당장 코스토베이션을 시작하기 위해 무엇을 해야 할지 5단계 체크리스트를 제시하려 한다.

코스토베이션을
시작하기 위한
행동 전략

✔ 과거의 혁신에서 교훈을 얻어라(1단계)

→ 과거에서 배우기

- 과거의 비즈니스 모델 혁신이 실패하거나 성공했던, 혹은 시작조차 되지 못했던 이유를 규명하라.
- 경쟁자들의 비즈니스 모델 혁신 시도는 어떻게 되었는지 알아보라.
- 이들 경험에서 미래에 걸림돌이 될 수 있는 조직, 판매망, 전략, 기타 문제를 찾아내라. 극복 계획을 수립하라.

→ 혁신 자세 갖추기

- 프로젝트에 관련된 사람들이 보편적인 혁신 행동(시장동향 파악, 안다고 생각하는 것에 의문 갖기, 유연하고 적응적인 태도, 자기 분야 밖의 사람들에게 영감을 받고 선입관에 도전하기 등)을 잘 해내고 있는지 확인하라. 혁신 도구와 참고자료가 마련되어 있는지도 살펴라.
- 힘겨운 혁신에 과감하게 도전하려는 사람을 보호하라. 적절한 혁신 행동이 이루어지는 한 실패해도 경력에 손상이 없을 것이란 점을 분명히 하라.

→ 다음 단계로 갈 준비가 되었는가?

- 어째서 과거의 혁신이 실패 혹은 성공했는지 알고 있다.
- 혁신을 가로막고 있는 장애물을 극복할 계획이 수립되었다.

- 혁신을 위해 행동해야 할 필요가 얼마나 큰지 알고 있다.
- 조직은 혁신을 원하는 이들을 지원할 준비가 되어 있다. 힘겨운 도전에 맞서는 일이 직업 안정성을 위협하지 않는다.

✔ 경계를 설정하고 구체적 전략을 수립하라 (2단계)

→ 혁신 목표와 그 경계 설정하기

- 혁신해야 하는 이유에 대한 합의를 이끌어라. 코스토베이션이라는 비전이 조직 전체의 전략목표, 변화 성향, 혁신 포트폴리오와 합치되는지 확인하라.
- 혁신을 통해 어디까지 가고 싶은지 분명히 하라. 생산라인을 파괴할 작정인가? 비즈니스 모델이나 고객 측면을 혁신할 것인가? 초점은 핵심 비즈니스인가 성장 분야인가, 혹은 둘 다인가? 이는 프로젝트의 한계 안에서 무엇을 끌어낼 것인지 분명히 하라는 뜻이다(특정 자금 규모 혹은 손익분기점 도달 시간 등).
- 성공을 판정하는 기준을 결정하라.

→ 특정 혁신의 전략목표를 요약하라

- 특정 혁신 프로젝트를 위한 전략목표를 명확하게 기술하라. 혁신의 이유, 성공의 의미, 혁신의 경계 등이 구체적으로 포함되어야 한다.
- 자사의 경쟁우위를 분명히 하라. 전통적인 사고방식을 탈피해 실제

행동의 시작점을 찾아내야 한다.

→ 멋진 팀을 구성하라

- 새로운 사고, 신속한 정보수집, 이야기 구성과 전달 능력을 바탕으로 팀원을 선별하라.
- 업계에 몸담은 기간, 사고방식, 전문분야 등의 측면에서 가능한 한 다양한 팀원들이 섞이게 하라.
- 코스토베이션 활동을 위한 시간을 따로 빼주어라.

→ 다음 단계로 갈 준비가 되었는가?

- 혁신해야 하는 이유를 분명히 했다.
- 혁신의 경계를 핵심 비즈니스와 성장 분야에서, 또한 다른 활동 영역에서 명확히 설정했다.
- 혁신 프로젝트의 평가 기준을 결정하고 공유했다.
- 능력과 경험이 다양한 팀원들을 선발했다.

✔ 핵심 분야를 선택하라 (3단계)

→ 업계의 전통적 사고를 파악하고 뒤집는 연습하기

- 개인 혹은 그룹 단위로 당신 기업이나 업계의 전통적인 믿음이 무엇인지 파악하는 시간을 가져라.

- 거리를 두고 망원경을 통해 보듯 업계를 살펴라. 이방인의 눈에 놀랍고 이해되지 않는 점은 무엇일까?

- 업계, 기업, 제품을 현미경으로 보듯 뜯어 살펴라. 각 구성요소에 질문을 던져라.

- 고객의 시선으로 살펴라. 고객이 보는 세상은 당신 기업이 보는 세상과 어떻게 다른가? 회의실을 벗어나 실제 고객을 관찰하고 대화를 나누어라. 제품, 서비스, 판매 등의 여러 측면 중에서 정말로 가치를 전달하는 것이 무엇인지 파악하라.

- 고객층 분류 방법을 다시 생각하라. 인구학적 특징이나 생산라인 중심으로 분류하는 것 외에 다른 어떤 방법이 있을까? 고객이 이루고자 하는 목표 중심으로 분류할 방법은?

- 가치사슬에서 공급자와 다른 협력자를 어떻게 대하면 좋을지 다시 생각하라. 통상적인 관계는 무엇인가? 공급 거래뿐이었던 과거의 관계를 보다 전략적인 모습으로 바꿀 방법은 무엇인가?

→ 핵심 요소를 선택하라

- 혁신을 이뤄낼 한 요소를 정하라. 코스토베이션의 핵심 요소로는 대상고객, 고객이 이루려는 목표, 비즈니스의 특정 부분(마케팅이나 공급망 등), 속성(편리성이나 속도 등)이 일반적이다. 핵심 요소를 선택할 때 전략적 목표가 지침이 될 수 있다.

→ 선택된 핵심 요소를 깊이 이해하라

- 기존의 고객조사 자료 등을 꼼꼼히 살펴 선택한 핵심 요소와 관련된 정보를 정리하라. 이 과정에서 코스토베이션 팀원이 아닌 직원들을 인터뷰해야 할 수도 있다.

- 고객에 대한 해결되지 않은 궁금증이 무엇인지 파악하라. 해결방법을 계획하고 실행하라. 이는 고객을 대상으로 한 조사일 수도(심층 인터뷰, 포커스 그룹 조사, 민속지학 연구 등) 외부 전문가 자문일 수도 있다.

- 대상고객을 실제 인물로 만들어라. 이름을 붙이고 어떤 일을 하며 무엇을 추구하고 당면한 도전은 무엇인지 설정하라. 그 사람은 어떤 동기를 지니는가? 어떤 두려움을 느끼는가? 삶에서 이루고자 하는 목표는 무엇이고 그것을 이루는 데 어떤 가치를 부여하는가?

→ 다음 단계로 갈 준비가 되었는가?

- 업계의 기존 믿음을 파악했고 각각의 믿음에 의문을 던졌다.
- 코스토베이션의 핵심 요소를 선택했고 이를 중심으로 다른 결정을 내릴 준비가 되었다.
- 핵심 요소와 고객들을 깊이 이해하게 되었다.

✔ 코스토베이션 아이디어 수립 (4단계)

→ 가능한 한 여러 아이디어 만들어보기

- 질보다 양을 추구하라. 각 개인이 떠오르는 모든 아이디어를 자유롭게 종이에 쓰도록 한다. 우스꽝스럽거나 단순한 아이디어도 다 적게 하라. 이어 몇몇이 모여 아이디어를 교환하고 결합한다.

- 잠시 시간이 흐른 후 가장 마음에 드는 아이디어를 선택하라. 종종 여러 아이디어를 합쳐 부분들의 합보다 훨씬 큰 아이디어를 만들 수 있다는 점을 기억하라. 서로 관련된 아이디어를 묶어주는 플랫폼을 찾는 것도 이상적이다. 혁신은 제품뿐 아니라 비즈니스 전반에 걸쳐(제품생산 방식, 운송이나 판매방식 등) 이루어진다는 점을 기억하라.

- 아이디어 평가 기준을 개발하라. 이는 아이디어를 만든 다음에야 가능하다. 그전까지는 무엇을 찾는지 모르는 상태이기 때문이다.

→ 아이디어 평가하기

- 전략목표를 바탕으로 한 기준에 따라 아이디어에 점수를 매겨라. 실현 가능성, 위험부담, 필요한 투자, 회수 기간, 금융 규모, 겨냥하는 고객 목표 등이 기준에 포함될 수 있다.

- 더 발전시켜야 할 아이디어를 뽑아내라.

→ 다음 단계로 갈 준비가 되었는가?

- 관례적이지 않은 아이디어를 쉽게 제외하지 않고 충분히 넓고 멀리 생각해 아이디어를 수합했다.
- 고객에게 잘 보이는 것뿐 아니라 고객이 보지 못하는 비즈니스 영역 (생산과정, 운송과 판매과정 등)에 대해서도 혁신 아이디어를 생각했다.
- 쉽게 답이 나오는 것만 선택하지 않고 평가 기준에 따라 아이디어를 선별했다.
- 각 아이디어에 대해 1분 동안 명쾌하고 인상적으로 소개할 수 있다.

✔ 좋은 아이디어를 구체화하고 테스트하라(5단계)

→ 상세 계획 수립하기

- 선택된 아이디어 각각에 비즈니스 측면을 부여하라. 어떻게 보이게 할지, 어떻게 작용할지, 시작하기 위해 무엇이 필요할지, 반대급부는 무엇일지 구체화하라. 잠재고객 조사를 실시하고 가능한 데이터를 모아라.
- 초기단계의 아이디어가 어떻게 비즈니스에 통합되어야 할지 결정하라. 추세, 법규 등 거시적 변화에 대응하는 행동계획을 확립하라.

→ 현장에서 실험하고 테스트하라

- 초기단계의 아이디어를 일찌감치, 그리고 자주 테스트하라. 온라인 설문조사, 프로토타입 제작과 시범 사용 등이 가능하다. 테스트 비

용을 낮출 방법에 대해서는 226쪽 내용을 참고하라.

- 각 아이디어의 위험부담을 세 개에서 다섯 개로 정리하라. 이를 확인하는 데 특별한 주의를 기울일 필요가 있다.

→ 실행방안을 만들어라

- 프로젝트가 보완되고 실행되는 과정을 누가 직접 담당할지 정하라.
- 승인하고 지원할 사람은 누구인지 정하라.
- 테스트를 확장해나가는 방식(부분 파일럿조사와 전면 파일럿조사 등)을 결정하라.
- 경쟁자들이 보일 반응을 예측하고 대응방안을 마련하라.

→ 다음 단계로 갈 준비가 되었는가?

- 조사 도구에 대해 잘 알고 있으며 이를 바탕으로 시장의 요구를 신속히 평가할 수 있다.
- 프로젝트 투자를 결정하기 전에 경영진이 어떤 질문을 던질 것인지 알고 있다.
- 프로젝트가 보완되고 실행되는 과정에서 잊혀 사라지는 일이 없도록 명확한 실행방안이 수립되었다.
- 신속하고 저렴하게 테스트를 진행할 것이며 보상과 인센티브 기준에도 이를 반영할 것이다.

✔ 아이디어를 저렴하게 테스트하기 위한 일곱 가지 기법

기업에 아이디어가 부족한 때는 없다. 문제는 어느 아이디어에 재원을 할당하고 언제 실행하느냐이다. 우리는 아이디어 테스트가 자주 아낌없이 진행되어야 한다고 믿는다. 실제로 프로젝트를 전면적으로 진행하기 전에 테스트를 거치는 경우가 깜짝 놀랄 정도로 적다. 테스트에 비용이나 시간이 많이 드는 것은 아니다. 특히 초기단계의 아이디어라면 그렇다. 그러니 초기단계에서 자주 테스트를 시행하라. 아이디어를 점검 또 점검하라. 글쓰기와 마찬가지로 반복과 수정만이 답이다.

새로운 아이디어를 신속히 평가하기 위해 우리가 컨설팅 과정에서 사용하는 몇 가지 기법을 소개한다.

책상 연구 수행

첫 번째로 하게 되는 일이다. 지극히 단순해 보이지만 인터넷에서 배울 수 있는 것을 과소평가해서는 안 된다. 맥도날드 새우 샐러드 아이디어는 세계 새우 공급에 대한 오후 반나절의 인터넷 조사 결과 폐기되었다.[1] 노동조합을 위한 제품을 만들겠다는 어느 고객의 아이디어는 인터넷 검색으로 노동조합 가입률이 낮아지는 추세를 확인한 후 수정되었다.

'무엇을 믿어야 하는가' 분석

이 사고훈련은 신속하게 현실을 검토하는 것이다. 매출실적 등 최종 목표에서 출발해 역순으로 이를 달성하기 위해 얼마나 많은 제품을 판매해야 할지, 장기적으로 관리해야 하는 고객수가 얼마나 될지 계산하라.

멕시코의 대형 병원들을 위한 비즈니스 서비스 기회를 평가할 때의 일이다. 이는 해당 기업의 기존 서비스와 잘 들어맞는 미지의 시장으로 보였다. 하지만 계산을 시작하자 곧 안 되겠다는 답이 나왔다. 천만 달러 비즈니스를 만들려면 멕시코의 모든 대형 병원이 빠짐없이 그 서비스를 구입해야 했고 비용은 병원이 감당하기에 너무 높은 수준이었다.

실현 가능성 평가

새로운 아이디어를 출범시키는 데 필요한 사항을 목록화하라. 전통적인 판매망 대신 고객에게 바로 판매하고 싶은가? 그렇다면 소셜미디어 기반의 마케팅 능력, 새로운 콘텐츠 제작, 대규모 거래를 처리할 수 있는 웹사이트, 고객 서비스 담당팀이 필요하다. 목록을 살펴보며 이미 갖춰진 것, 확보할 수 있는 것, 바닥부터 만들어가야 할 것을 표시하라. 이를 전략적 목표와 비교하며 프로젝트가 실현 가능한 범위에 들어오는지 평가하라.

신속한 조사

시장조사가 꼭 수천 명을 대상으로 한 규모여야 하는 것은 아니다. 저렴한 온라인 조사도 있고 현장에서 직접 사람을 섭외하는 조사도 있다. 예를 들어 새로운 건강복지 개념을 평가하기 위해 우리는 건강보조식품 판매점 밖에서 사람들을 붙잡고 조사했다. 물론 편향된 표본이긴 하다. 하지만 그런 상점을 찾는 사람이라면 건강복지에 가장 관심이 많은 부류일 것이다. 이들의 관심도 끌어내지 못하는 프로젝트는 더 진행하는 것이 무의미하다.

비슷한 상황 선정

한 고객은 상파울루나 델리 같은 신흥시장 메가시티에 제품을 출시하고자 했다. 델리로 조사팀을 파견하는 데에는 비용이 많이 들었으므로 우리는 뉴욕처럼 가까운 메가시티를 대상으로 사업을 시작해볼 것을 권유했다. 더 큰 투자가 이루어지기 전에 문제를 교정하고 기존 계획을 점검하는 방법이었다.

개념테스트

개념테스트의 핵심은 인터뷰 상황을 가능한 한 현실과 가깝게 만드는 것이다. 프로토타입이나 이미지 사용, 제품이 소비되는 장소 방문 등이 여기 포함된다. 1990년대 말 평면 스크린 텔레비전에 대한 포커스 그룹 조사가 실시되었다. 사무실 건물 안에 일면경이 설치된 실험실에서 이루어진 조사였다. 결과는 실망스러웠다. 응답자들은 더 얇은 TV에 관심이 없었다. 벽에 걸어놓는 것이 뭐가 그렇게 좋은지 알지 못했다. 문제는 완벽하게 비현실적인 상황, 거실의 안락함과 가장 거리가 먼 공간에서 의견 조사가 이루어졌다는 데 있었다. 그리하여 제대로 된 답변이 나오지 못했던 것이다.

사소한 기회 잡기

아이디어를 테스트하는 저렴하고 신속한 방법은 아주 많다. 전문가와 30분 동안 이야기를 나눌 수도, 업계 박람회장의 스타벅스 앞 대기줄에 슬쩍 끼어들어 간단한 질문을 던지며 여론조사를 해볼 수도 있다. 90분 내 배달을 약속하는 꽃배달 스타트업 블룸댓(BloomThat)은 밸런타인데이를 맞아 비즈니스 모델을 테스트했다. 샌프란시스코 꽃시장에서 꽃을 대량으로 사서 꽃다발을 만들고 페이스북에 광고를 올린 후 90분 내에 배달했다. 큰 수익은 내지 못했지만 수익은 중요하지 않았다. 고객이 그 아이디어에 관심이 있는지 확인하는 것이 가장 중요했으니 말이다.

감사의 글

이 책은 6년에 걸쳐 완성되었고 그래서 도움을 받은 분들이 아주 많다. 우리에게 처음으로 코스토베이션 아이디어를 알려준 사람은 네덜란드의 거대 화학기업 아크조노벨(Akzo Nobel)의 R&D와 혁신을 이끄는 그레임 암스트롱(Graeme Armstrong)이었다. 혁신 도구들이 비용 측면에서 무엇을 할 수 있을지 모색하던 그가 우리를 예상치 못했던 새로운 방향으로 이끌었다. 다른 고객들도 우리에게 영향을 주었는데 특히 펩시코(PepsiCo)의 글로벌 부문 부회장 브라이언 뉴먼(Brian Newman)이 그러했다.

하버드 경영대학원의 클레이튼 크리스텐슨 교수, 그리고 그가 운영하는 컨설팅 회사 이노사이트(Innosight)의 탁월한 전문가들과 6년 동안 함께 일한 경험은 여러모로 나를 성장시켰다. 크리스텐슨이 만들어낸 '고객이 이루려는 목표'라는 개념은 코스토베이션 가능성을 찾기 위한 토대가 되었다.

뉴 마켓 어드바이저(New Markets Advisors)에서 만난 과거와 현재의 동료들도 이 책 집필에서 핵심적인 역할을 했다. 그렉 에인스워드, 데이브 파버, 카라 로빈슨, 테스 보셸렌에게 특히 감사한다. 물론 이 책이 완성되게 해준 사람은 공저자 제니퍼 루오 로이다. 하퍼콜린스리더십 출판사의 편집자 티머시 버가드와 우리 에이전트 돈 페르에게도 고맙다.

책 집필은 가족의 희생을 요구한다. 밤중과 주말에 작업하면서 다른 일을 제쳐두어야 했다. 이를 감내해준 아내 제시카와 세 아들 와이엇, 사이러스, 몬티에게 감사한다. 아내는 초고를 여러 차례 읽으면서 귀중한 조언도 해주었다.

마지막으로 집필 단계에서 내용을 들어준 모든 이들에게 감사한다. 덕분에 생각을 다듬어나갈 수 있었다. 앞으로도 그래 주리라 생각한다.

스티븐 윙커

· · ·

처음으로 책을 내는 입장에서 책을 쓴다는 것이 이토록 많은 지적, 기술적, 도덕적 도움을 필요로 하는지 미처 몰랐다. 나를 격려해주고 결국 책이 완성되게 이끌어준 수많은 이들에게 감사한다.

뉴 마켓 어드바이저에서 함께 일한 과거와 현재의 동료들은 이 책의 아이디어를 만드는 토대가 되었다. 데이비드 파버는 늘 열심히 이야기를 들어주고 백과사전적 지식을 바탕으로 적합한 사례를 찾아주었다. 제시카 와트먼은 나다운 글을 쓸 수 있도록 귀중한 조언을 해주었다. 무엇보다 공저자 스티븐 윙커에게 감사한다. 그의 지적 능력과 위트는 늘 배우고 싶은 점이다. 수년 동안 내 멘토였던 스티븐과 함께 책을 쓴다는 것은 큰 영광이었다.

인내심과 낙관주의를 가르쳐주신 부모님 홍페이 린과 존 로는 늘 고마운 분들이다. 웃음으로 나를 위로하는 남동생 캐니언 로, 고등학교 시절 글쓰기에 흥미를 갖게 해준 앤디 오하라와 커트 맥도널드에게 감사한다. 내 가장 친한 친구이자 영혼의 동반자인 콜린 드 라 브루어에게는 특별히 빚을 많이 졌다. 책에 대한 수많은 생각을 공유하고 무수한 조언을 주었으며 함께 보내는 저녁 시간에 작업을 하면서 내가 미안하지 않도록 자기 역시 노트북 앞에서 몹시 분주한 척해주었다. 이 책은 우리가 함께 보낸 몇 년의 결실이고 내 삶뿐 아니라 그의 삶의 성취이기도 하다.

제니퍼 루오 로

Notes

1. 왜 코스토베이션을 해야 하는가?

1) Planet Fitness 2016 Annual Report

2) "J.D. Power 2017 Health and Fitness Center Satisfaction Report," *J.D. Power*, 2017

3) "Financial & Operations Research," International Health, Racquet & Sportsclub Association

4) Leslie Patton, "McDonald's seen overhauling US menu from 145 choices," *Bloomberg*, 17 May 2013

5) Susan Berfield, "Why the McWrap is so important to McDonald's," *Bloomberg*, 3 July 2013

6) Julie Jargon, "McDonald's says its restaurants got too complicated," *Wall Street Journal*, 23 January 2014

7) Whitney Filloon, "Is McDonald's All-Day Breakfast Turning Out to be a Big McFailure?," *Eater*, 16 October 2015

8) "Deloitte's fourth biennial cost survey: cost-improvement practices and trends in the Fortune 1000," *Deloitte*, April 2016

9) "Real average hourly earnings increased 0.6 percent over the year ended May 2017," Bureau of Labor Statistics, 19 June 2017

2. 돌파구를 찾는 시선

1) Zimride, meanwhile, continued to be profitable and was sold to Enterprise Holdings in 2013.

2) Sarah Max, "Catering to Boomers, a Cell Phone Company Takes Off," *Entrepreneur*, 30 July 2013

3. 명확하고 간결한 최종목표가 필요하다 ─────────────────

1) Earl Sasser, "Benihana of Tokyo," *Harvard Business School*, November 1972

4. 경계를 넘어서는 완전히 새로운 비즈니스 모델 ─────────

1) Michael Porter, "What is Strategy?," *Harvard Business Review*, November-December 1996

2) Rob Wengel, "How to Flip 85% Misses to 85% Hits: Lessons From the Nielsen Breakthrough Innovation Project," *Neilsen*, 24 June 2014

3) "Inside Starbucks' ambitious plan to combat the 'seismic shift' that could kill its business," *South China Morning Post*, 8 December 2016

4) "Starbucks Q1 2017 Results," *Starbucks*

5) Terrence O'Keefe, "Suppliers are key partners in innovation team at Trader Joe's: Interview with Doug Rauch, former president at Trader Joe's," *WATTAgNet.com*, 30 October 2014

6) Serena Ng, "Soap Opera: Amazon Moves In With P&G," *Wall Street Journal*, 14 October 2013

7) Soizic Briand, "Voici le classement des enseignes preferees des Francais," *Challenges*, 24 September 2014

8) Gayle Martin and Obert Pimhidzai, "Education and Health Services in Kenya," *World Bank*, July 2013

9) James Macharia, "Kenyan MPs defy president, hike pay to 130 times minimum wage," *Reuters*, 28 May 2013

5. 코스토베이션 전략과 전술 20 ─────────────────────

1) "Chile," World Bank Data

2) Thomson One Banker database, June 2011; M Scilly, "The Average Merchandise Turnover for Clothing Stores," *Chron*

3) John Markoff, "No Sailors Needed: Robot Sailboats Scour the Oceans for Data," *The New York Times*, 4 September 2016

4) Janelle Nanos, "MIT researchers develop a shape-shifting pasta," *Boston Globe*, 5 June 2017

5) Elizabeth Glagowski, "Build-A-Bear Builds a Brand Around Customer Experience," *Customer Strategist*, September 2013

6) Simone Hill, "Evolution of the KitchenAid Mixer," The Knot

7) Linda Tischler, "The 'Product of the Year' Awards: The Grammy's of the Walgreens Scene," *Fast Company*, 3 February 2010

8) Arvind Verma, "Case Study: Smart Cars," Symbiosis Institute of Management Studies

9) Michael Horn, "The Rise of AltSchool and Other Micro-Schools," *Education Next*, Summer 2015

10) Lam Thuy Vo, "How Much Does the Government Spend to Send a Kid to Public School?" *NPR*, 21 June 2012

11) "Global Connected Commerce: Is E-tail Therapy the New Retail Therapy?" *Nielsen*, January 2016

12) Statista, Number of Skiers and Snowboarders in the USA; Megan Barber, "Ski Industry Expert Says 31% of Today's Ski Areas Are Dying," *Curbed Ski*, 29 January 2015

13) Mike Gorrell, "With Epic Pass sales booming, Vail plans to add more fine dining, family fun to Park City Mountain Resort," *The Salt Lake Tribune*, 11 December 2017

14) "Number of specialty coffee shops in the United States from 1991 to 2015," Statista, 2017; Park Jae-hyuk, "Korea is 'republic of coffee'," *Korea Times*, April 2017

15) "Korea Coffee Market Brief Update," USDA Foreign Agricultural Service, 31 December 2015

16) Steven Kurtz, "Is This Store the Best-Kept Secret in Fashion?" *The New York Times*, 15 March 2007

17) "ColaLife Operational Trial Zambia: Endline Survey Report," United

Kingdom Department for International Development, June 2014

18) Demetri Sevastopulo, "Li & Fung's Strategy to Make the Maths Work," *Financial Times*, 2 June 2014

6. 코스토베이션 is coming

1) "What to Do When There Are Too Many Product Choices on the Store Shelves?" *Consumer Reports*, January 2014

2) Alina Selyukh, "Discount Grocers Aldi and Lidl Give U.S. Stores a Run for Their Money," NPR, 27 September 2017

3) Neal Raisman, "The Cost of College Attrition at Four-Year Colleges & Universities," *Educational Policy Institute*, February 2013

4) Steven Cohen, "Differentials in the Concentration of Health Expenditures Across Population Subgroups in the U.S., 2012," *Agency for Healthcare Research and Quality*, September 2014

5) "About Us," *Cameron Hughes Wine*

6) Laura Burgess, "Why Some Wines Are So Damn Expensive—Breaking Down the Cost of a Bottle of Wine," *Vinepair*, 12 June 2015

7) Jeffrey Mitchell, "FastStats 2016: The Rising Cost of Independent School Tuition," SAIS, 17 February 2016; Jordan Yadoo, "Private School Is Becoming Out of Reach for Middle-Class Americans," *Bloomberg*, 19 July 2017

8) Ted Cooper, "Everyone Is Getting Rich in the Coffee Business," *The Motley Fool*, 15 January 2014

9) Fitz Tepper, "Framebridge adds $17M in funding as it takes custom framing mainstream," *Techcrunch*, 13 July 2017

7. 다른 전략과 어떻게 조화시킬 것인가

1) Nathan Eagle, "Getting the next billion online lies in affordability, not accessibility," *The Next Web*, 25 February 2016

2) David Cutler, "Why Does Health Care Cost So Much in America? Ask Harvard's David Cutler," *PBS News Hour*, 19 November 2013

3) Scott Horsley, "Despite an Economy on the Rise, American Paychecks Remain Stuck," *NPR*, 26 May 2015

4) Lawrence Mishel, Elise Gould, and Josh Bivens, "Wage Stagnation in Nine Charts," *Economic Policy Institute*, 6 January 2015

Action Plan 코스토베이션을 시작하기 위한 행동 전략 ————————————•

1) Janet Adamy, "For McDonald's, It's a Wrap," *Wall Street Journal*, 30 January 2007

'저렴한 가격'과 '혁신'은 어느 기업이든 목표로 하는 두 가지이지만 동시에 둘을 달성하는 기업들에 대한 정보는 거의 없다. 이 책은 혁신 원칙을 깊숙이 적용하는 방법을 안내하며 시장을 개척하고 경쟁자들을 차단하게 도와줄 것이다.

비제이 고빈다라잔, 다트머스 대학 터크(Tuck)스쿨 교수

비용곡선을 공략해 고객과 공명하는 비즈니스를 이루고 싶다면 반드시 읽어야 하는 책이다. 새로운 사례 분석과 단계별 적용, 실제적 조언이 가득하다.

조너선 브릴, 휴렛팩커드 글로벌 퓨처리스트

비용 문제와 혁신을 결합시켜 크고 작은 기업들이 쉽게 적용할 수 있게 방향을 제시한 최초의 책이다. 폭넓은 연구를 바탕으로 눈부신 성공 이면의 유형을 드러냄으로써 경영자와 혁신가들이 뒤따를 수 있도록 해준다.

헤닝 트릴, 바이엘 기업혁신 이사

기업의 혁신 잠재력은 고객에게 제공하는 상품에만 존재하는 것이 아니다. 이 책을 통해 그 큰 가능성들을 어떻게 발견해야 할지 알게 될 것이다.

댄 워커, 브리티시페트롤리엄 신생혁신기술 이사

비즈니스 모델 전환은 어려운 일이다. 그래서 웡커와 로가 제시하는 구체적 사례, 상세한 가이드, 실용적 조언이 더욱 고맙다. 이 책을 읽는 것은 무척 유익하면서도 즐거운 경험이다.

닐 앨리슨, 피어슨 비즈니스모델 혁신 이사

혁신과 비용절감은 모순될 수밖에 없을까? 두 저자는 수십 년 동안의 실제 사례들을 종합해 비용을 낮추면서도 고객을 만족시키는 혁신 모델을 끌어낸다. 어떤 독자에게든 이 책은 비즈니스를 바꿀 탁월한 도구가 되어줄 것이다.

아니시 샤, 마힌드라그룹 전략 대표

빠르게 변화하는 세계에 질 높은 의료 복지 서비스를 제공하는 일은 보람 있지만 복잡하기 짝이 없다. 우리는 파괴적 혁신 우위를 유지할 방법을 늘 고민한다. 이 책은 가격, 가치, 전달 방식을 다시 생각하게 함으로써 고객 수요를 충족시킬 길을 알려준다. 의미 있고 지속 가능하며 진정한 가치를 찾는 모든 이들이 꼭 읽어야 할 책이다.

크로킷 데일, 헬스스태트 대표

옮긴이 **이상원**

서울대학교 가정관리학과와 노어노문학과를 졸업하고 한국외대 통번역대학원에서 석사 및 박사학위를 받았다. 서울대학교 기초교육원에서 강의교수로 글쓰기 강의를 하고 있으며, 《영업의 고수는 어떻게 탄생되는가》, 《온라인 소비자, 무엇을 사고 무엇을 사지 않는가》, 《적을 만들지 않는 대화법》, 《뇌는 어떻게 당신을 속이는가》, 《함부로 말하는 사람과 대화하는 법》 등 다수의 책을 우리말로 옮겼다. 저서로 《서울대 인문학 글쓰기 강의》, 《매우 사적인 글쓰기 수업》이 있다.

코스토베이션

초판 1쇄 발행   2019년 4월 23일

지은이 • 스티븐 윙커, 제니퍼 루오 로
옮긴이 • 이상원

펴낸이 • 박선경
기획/편집 • 권혜원, 김지희, 한상일, 남궁은
마케팅 • 박언경
표지 디자인 • urbook
본문 디자인 • 디자인원
제작 • 디자인원(031-941-0991)
펴낸곳 • 도서출판 갈매나무

출판등록 • 2006년 11월 30일 제 2006-000092호
주소 • 경기도 고양시 일산동구 호수로 358-25 (백석동, 동문타워Ⅱ) 912호
전화 • 031)967-5596
팩스 • 031)967-5597
블로그 • blog.naver.com/kevinmanse
이메일 • kevinmanse@naver.com
페이스북 • www.facebook.com/galmaenamu

ISBN 978-89-93635-09-6/ 03320
값 16,000원
• 잘못된 책은 구입하신 서점에서 바꾸어드립니다.
• 본서의 반품 기한은 2024년 4월 30일까지입니다.

이 도서의 국립중앙도서관 출판예정도서목록(CIP)은 서지정보유통지원시스템 홈페이지(http://seoji.nl.go.kr)와 국가자료종합목록시스템(http://www.nl.go.kr/kolisnet)에서 이용하실 수 있습니다.(CIP제어번호: CIP2019013568)